영화로
만나는
의료인문학 ❶

영화로
만나는
의료인문학 ❶

경희대학교 인문학연구원
HK+통합의료인문학연구단
통합의료인문학 교양총서09

박승준 최우석 최지희 정세권
박성호 최성민 김현수 지음

모시는사람들

경희대학교 인문학연구원 HK+통합의료인문학연구단은 2019년부터 '4차산업혁명시대 인간가치의 정립과 통합의료인문학'이라는 연구 주제로 인문한국플러스(HK+) 사업을 수행하고 있습니다. 그간 의료인문학 전반에 걸친, 30여 종에 달하는 학술서, 교양서, 교양문고, 사전, 강의교재 등을 펴낸 바가 있습니다. 온라인과 오프라인으로 수많은 학술대회와 콜로키움, 강연도 진행해 왔습니다. 의료인문학에 대해 학술적으로 깊이 있게, 대중적으로 폭넓게 알리고 연구하기 위해 노력을 거듭해 왔습니다.

역사적으로 보면 의료인문학은, 의료와 관련된 문제에 대해 의사와 의학의 시선을 넘어서서 대중과 시민, 환자의 눈으로 바라보아야 할 필요성이 제기되면서부터 시작되었습니다. 기술 중심으로부터 인간 중심으로의 변화가 요구되었고, 의료 윤리와 책임도 강조되었습니다. 의사와 환자 사이의 소통과 공감도 요청되었습니다. 의료적 불평등의 문제와 의료 결정에 대한 주체적 참여 문제도 제기되었습니다. 코로나19를 겪으면서 의학에 대한 기대는 한껏 높아졌지만, 의료에 대한 대중들의 거리감은 여전합니다.

이번에 펴내는 『영화로 만나는 의료인문학 1』은 친숙한 영화를 통해 의료인문학이 접하게 되는 여러 문제들에 대해 이야기를 나누고자 기획되었습니다. 영화도 OTT의 시대를 맞아 새로운 변화를 겪고 있지만, 100년이 넘는 세월 동안 대중적으로 가장 친근하고 파급력이 큰 대중문화 장르로 자리 잡고 있다고 생각됩니다. 이 책을 펴내기 위해 영화 전문가들과 머리를 맞대고 대상 영화를 선정했습니다. 그리고 이 기획의 취지에 동의하는 각 분야 전문가 및 교수님들과 함께 일곱 차례에 걸친 세미나도 진행했습니다. 각 세미나마다 발제를 맡았던 분들이, 세미나를 통해 의견을 교환한 여러 선생님들의 의견들까지 반영해 글을 완성했습니다. 그 결과물이 바로 이 책입니다.

박승준은 에단 호크, 우마 서먼 주연의 SF 영화 〈가타카〉를 다루었습니다. 1990년대 영화이지만, 지금까지도 유전자 기술의 발달이 만들어낼 미래 의학에 대해 말할 때, 빠지지 않고 거론되는 영화입니다. 박승준은 이 영화를 통해 유전자 기술의 발달이 가져올 미래의 생명 윤리에 대해 살펴보았습니다. '크리스퍼 유전자 가위'를 중심으로 현재의 유전자 기술이 어디까지 도달해 있는지, 그리고 앞으로 어떤 윤리적 허용 범위 속에서 발전되어야 할 것인지에 대해 이야기하였습니다.

최우석은 로빈 윌리엄스 주연의 영화 〈패치 아담스〉를 다루었습니다. 의사이자 사회운동가, 코미디언으로 활동하는 실제 인물 헌터 도허티 아담스, 일명 '패치 아담스'의 삶을 다룬 영화입니다. 이 영화는 '환자를 위해 의사는 어떤 사람이 되어야 하는가'라는 질문을 떠올리게 합니다. 최우석은 '패치'가 스스로 어떻게 깨닫고 변화하며 성장하는가를 주목하고 있습니다. 패치는 지나치게 이상주의적인 모습으로 보이기도 합니다만, 우리에게 의료란 무엇이고, 의사는 어떤 사람이어야 하는가에 대해 다시 한 번 생각하게 해 줍니다.

최지희는 로버트 드니로와 로빈 윌리엄스 주연의 영화 〈사랑의 기적〉을 다룹니다. 미국의 신경의학자 올리버 색스가 펴낸 회고록 『깨어남(Awakenings)』을 바탕으로 한 영화입니다. 몸이 마비된 환자 레너드를 중심으로, 고통 속에서도 꺾이지 않는 인간의 의지와 환자를 존중하는 의료진의 태도가 만들어낸 기적을 보여줍니다. 최지희는 이 글에서 영화 속 세이어 박사와 실제 인물 올리버 색스가 치료를 위해 썼던 '엘도파'의 부작용에도 주목하되, 환자 개개인의 섬세하고 예민한 반응을 관찰하며 이해하려고 노력하는 과정이 무엇보다 중요하다는 것을 강조하고 있습니다.

정세권은 단편영화 〈3교대〉를 다루었습니다. 실제 10년차 간호사 출신인 정서윤 감독이 이은경 감독과 함께 만든 짧은 영화입니다. 오랜 논란 끝에 2024년 국회에서 '간호법'이 통과되었는데, 이와 관련해서 이 영화는 간호사들의 업무 환경에 대해 많은 생각을 떠올리게 해줍니다. 실제로 환자들이 병의원에서 의사들보다 더 친숙하게 자주 만나게 되는 대상이 바로 간호사들이지요. 정세권은 〈3교대〉를 통해 간호사 노동의 현실을 언급하면서, 좀 더 나은 의료와 돌봄 환경을 위해 필요한 법률적, 제도적 문제와 인간 존중의 태도를 이야기합니다.

박성호는 SF 영화 〈프로메테우스〉를 다룹니다. 이 영화는 인류의 기원을 탐사하기 위해 우주로 나선 '프로메테우스호' 승무원들의 이야기로 시작됩니다. 박성호는 이 영화를 통해, '인간이란 무엇인가'라는 본질적 질문은 물론, '인간강화의 욕망은 궁극적으로 어디로 향하는가'라는, 첨단의학의 발달이 도착해 있는 문제의식에 대해 이야기합니다. 인간은 추위와 어둠에 대한 취약성을 극복하기 위해 '불'을 이용하지만, 때로는 불이 인간과 사회를 위험에 몰아넣게 되는 역설을 마주하게 됩니다. 포스트휴먼, 혹은 트랜스휴먼의 시대에 우리에게 던져진 질문들에 대해 이 글을 통해 함께 고민해 볼 수 있을 것입니다.

최성민은 일본 영화 〈플랜75〉를 살펴보았습니다. 일본은 주요 국가들 중에 가장 먼저 초고령사회에 도달한 국가이고, 한국도 이제 막 초고령사회로 접어들었습니다. 〈플랜75〉는 75세 이상의 노인은 누구나 안락사를 신청하고 죽음을 선택할 수 있는 국가적 제도가 도입된 가상의 근미래 시대를 보여줍니다. 다소 과장된 상상력처럼 보이지만, 영화가 보여주는 문제들은 우리 사회에 던지는 매우 현실적 질문들입니다. 노인인구의 급증과 노년층의 경제적 빈곤, 세대간 갈등의 심화, 돌봄 인력의 부족, 복지인력의 감정노동 문제 등은 의료인들과 시민들 모두가 함께, 절박하게 고민해야 할 현실적 문제가 되고 있습니다.

김현수는 민규동 감독의 한국 SF 영화 〈간호중〉을 살펴보았습니다. 김혜진 작가의 단편소설 「TRS가 돌보고 있습니다」를 원작으로 한 작품입니다. 보호자의 얼굴을 닮은 모습으로 인간과 똑같이 말하고 움직이는 간병로봇 '간호중'의 존재는 현재 첨단과학으로도 도달하기에 먼 미래처럼 보입니다. 돌봄 요구는 늘어나지만 돌봄 노동은 양적으로 부족하고 질적으로도 미흡한 상황은 결코 먼 미래의 일이 아닙니다. '간호중'은 삶에 지친 딸 연정인과 인공호흡기에 의해 연명 중인 어머니 문숙을 동시에 돌보다가 딜레마적 상황에 놓입니다. 김현수는 이 영화를 통해 생명윤리의 문제를 철학적으로 성찰하고 있습니다.

    이 책에 실린 일곱 편의 글이 다루고 있는 주제들도 결코 가볍지 않지만, 의료인문학이 감당하고 마주치게 되는 이슈들은 훨씬 더 복잡하고 다양합니다. 감염성 질환, 중증 질환, 만성 질환, 정신 질환, 장애, 낙태, 생명 윤리, 병원 시스템, 의료제도 등 더 많은 고민과 논의가 필요한 부분들이 있습니다. 앞으로 영화를 통해 또 다른 의료인문학적 주제들을 다루는 두 번째 책도 기획하고 있습니다.

    이 책은 일반 대중이 영화를 통해 의료인문학의 현실적인 이슈와 논의들은 물론 잠재적인 과제 상황에 대해 이해할 수 있는 기회를 제공해 드릴 것입니다. 특히 의과대학, 치과대학, 한의과대학, 간호대학 등에서 의료인이 되기 위해 공부하는 학생들이 의료 현장에서 현실적으로 직면하게 될 여러 가지 상황에 대해 선제적으로 고민하고 성찰할 수 있도록 구성하였습니다. 각 글의 뒤편에 수록한 '더 생각해 볼 문제'와 '더 찾아볼 작품'이 도움이 되길 바랍니다.

    이 책을 처음 기획할 때부터 조언을 아끼지 않으신 서울아트시네마 김성욱 프로그램 디렉터께 감사의 말씀을 드립니다. 서울아트시네마와 사단법인 한국시네마테크협의회는 저희 경희대 HK+통합의료인문학연구단과 함께, 5년째 통합의료인문학 영화주간 영화제를 주최하고 있습니다. 통합의료인문학 영화주간은 이 책의 기획에 가장 중요한 디딤돌이 되어 주었습니다. 거듭 감사드립니다.

영화 〈간호중〉에 대한 세미나를 열 때, 당시 한창 신작 영화 촬영에 바쁘신 중에도 직접 참여해 주셨던 민규동 영화감독님께도 감사를 드립니다. 일곱 차례의 세미나에 참여해주신 모든 선생님들, 특히 경희대 HK+통합의료인문학연구단 소속이 아닌데도 관심을 보여주시고 좋은 의견을 주셨던 여러 선생님들께 깊이 감사드립니다. 경북대 의대 최은경 교수님, 경희대 간호대 황원주 교수님, 단국대 사학과 이현주 교수님께 감사드립니다. 중국에서 한국으로 와서 의료사를 공부하다가 너무 일찍 황망하게 떠나신, 고(故) 황영원 박사님의 참여도 기억합니다.

이 책의 기획과 세미나 진행 과정에서 많이 애써 주신 HK+통합의료인문학연구단의 박윤재 단장님과 실무적 업무를 챙겨주신 이상덕, 조태구 교수님께도 감사드립니다. 세미나 진행 과정에서 도움을 주었던 연구보조원 신상준, 강민지 경희대 대학원생에게도 감사드립니다. 영화 장면을 대신하여 생생한 느낌을 전달해줄 수 있었던 것은 일러스트 그림을 그려준 비차 작가님 덕분이었습니다. 이 책의 교정과 편집 작업을 맡아주시고 꾸며주신 도서출판 모시는사람들의 대표님과 편집자님들께도 감사드립니다.

모쪼록 이 책을 통해, 그리고 영화를 통해, 의료인문학이 더 많은 분들에게 친숙해지고, 관련된 이슈와 논의의 장에 더 많은 목소리들이 함께하는 자리가 만들어질 수 있길 기원합니다. 감사합니다.

2025년 2월

경희대학교 HK+통합의료인문학연구단 부단장 최성민

차례

영화로 만나는
의료인문학 **❶**

아기도 주문해서 만드는 시대가 올까?

— 영화 〈가타카〉로 생각해 보는 생명 윤리

박 승 준

1997년 미국의 어느 신문에 다음과 같은 광고가 실렸다.

제목: 자녀 주문 제작

"당신의 자녀를 설계해 드립니다. 다음 목록에서 자녀에게 물려주고 싶은 형질을 골라 보세요."

성별, 키, 눈 색깔, 피부색, 체중, 중독 성향, 범죄 및 공격 기질, 음악성, 운동 능력, 지성, 그리고 해당 없음.

"종교나 그 밖의 이유로 자녀의 유전자를 조작한다는 사실이 불편할 수도 있습니다. 그러나 다시 한번 생각해 보시길 정중히 부탁드립니다. 인류는 현재의 자리에서 조금 더 나아갈 수 있으니까요."

이 광고 문구는 〈가타카〉를 제작한 영화사에서 영화를 홍보하기 위해 낸 것이었다. 광고 끝에는 수신자 부담 전화번호가 적혀 있었다. 전화를 걸면 다음과 같은 세 가지 옵션이 나온다.

"자녀가 질병에 걸리지 않게 하고 싶다면 1번을, 자녀의 지적·신체적 능력을 향상시키고 싶다면 2번을, 아이의 유전자에 손대고 싶지 않다면 3번을 눌러 주세요."

단 이틀 만에 5만여 통의 전화가 걸려 왔다. 하지만 아쉽게도 영화사는 전화를 건 사람들이 어떤 옵션을 선택했는지는 발표하지 않았다.

유전자에 따라 운명이 결정되는 〈가타카〉의 세상

1997년 개봉한 앤드루 니콜(Andrew Niccol) 감독의 SF 영화 〈가타카〉는 유전자를 조작해 태어난 인간이 지배하는 사회를 그려 큰 화제를 모았다. 에단 호크(Ethan Hawke), 주드 로(Jude Law), 우마 서먼(Uma Thurman) 등이 출연했다. 영화 제목인 '가타카(GATTACA)'는 DNA를 이루는 4가지 염기 구아닌(Guanine), 아데닌(Adenine), 티민(Thymine), 시토신(Cytosine)의 머리 글자를 조합해서 만들었다. 가타카는 이 영화에 등장하는 항공 우주 회사의 이름이다.

〈가타카〉는 유전공학이 극도로 발달한 미래 사회가 배경이다. 영화에서 그려진 세계는 태어나기 전에 배아의 유전자 분석을 통해 예상 수명과 질병, 지능, 성격 등을 미리 확인하고 그에 따라 사회적 지위를 정하는 사회이다. 불완전한 유전적 요소를 지닌 하류 계층은 자연적 잉태 과정을 거쳐 태어나고, 유전적 결함이 없는 우수한 인자를 타고난 상류 계층은 잉태 전 유전자를 디자인하고 선별하여 태어난다. 진학이나 입사 전에 지원자는

계단에 선 빈센트가
제롬을 내려다보고 있다.
나선형 계단은
DNA의 이중나선을 가리킨다.

반드시 엄격한 DNA 검사 결과를 제출하고 그 결과에 따라 자격을 정한다. 유전적 개입으로 우수한 유전자를 타고난 상류 계층은 사회의 중요한 일원이 되지만, 자연적으로 태어난 하류 계층은 허드렛일만 할 수밖에 없다.

영화의 주인공 빈센트 프리먼(Vincent Freeman)은 유전자 편집이 아닌 자연적인 임신 과정에 의해 태어났다. 선천적 근시에 심장 질환 같은 여러 유전적 결함을 지닌 그는 출생과 동시에 사회에 적응하지 못하는 부적격자로 낙인이 찍혔다. 자주 아팠고, 잘 넘어졌고, 다른 아이보다 성장 속도도 느렸다. 유전자 조작으로 모든 것이 완벽한 상태로 태어나는 상류 계층 사람들만이 대접받는 사회에서 그는 실패자에 불과했다.

반면에 그의 동생 안톤(Anton)은 그 사회 대부분의 아이처럼 잉태 전 의사와 철저히 상담하여 유전적으로 선별되는 과정을 거쳐 태어났다. 배아 상태에서 질병과 부정적 요소(조기 탈모, 폭력 성향, 알코올과 약물 중독, 비만 등)와 관련된 유전적 요소들을 제거했다. 이제 남은 일은 성별을 선택하는 것이다. 부모는 빈센트와 친구로 자랄 수 있는 남자아이를 골랐다. 부모는 자연적인 요소를 일부 남기기를 바랐지만 의사는 굳이 그럴 필요가 있겠느냐며 논리적으로 설득하여 포기시켰다. 완벽한 유전자를 가지고 태어난 안톤은 늘 빈센트보다 나은 대우를 받았다.

빈센트가 자신감을 가지게 된 계기는 줄곧 지기만 한 안톤과의 멀리 수영하기 시합에서 처음으로 이기는 경험을 한 것이었다. 그들은 바닷가로 나가 누가 먼저 멀리까지 헤엄쳤다가 먼저 돌아오는가를 겨루는 시합을 가끔 했다. 물론 승자는 매번 동생이었다. 하지만 어느 날 빈센트는 사력을 다해 헤엄쳐 마침내 안톤을 이기고야 말았다. 형을 쫓아오다가 익사 위기에 처한 동생을 구한 빈센트는 가족의 곁을 떠난다.

빈센트는 항공 우주 회사 '가타카'에 청소부로 취업하여 일하게 된다. 어릴 적부터 우주 비행사의 꿈을 키워 온 그는 하늘 높이 날아가는 우주 비행선을 부러운 눈으로 쳐다보며 만족할 수밖에 없었다. 우주 비행사의 자격은 우월한 유전자를 지닌 상류 계층 사람들에게만 주어지기 때문이었다. 하지만 자신의 꿈을 포기할 수 없었던 빈센트는 유전자 신분을 위장하고 취업하기로 한다. 브로커를 통해 자동차 사고로 다리를 다쳐 하반신 마비가 된 유전적 엘리트 제롬 모로(Jerome Morrow)를 소개받은 빈센트는 치밀한 계획에 따라 제롬으로 살아가기 위한 준비를 시작한다.

그것은 그야말로 뼈를 깎는 고통이 수반된 목숨을 건 고행길이었다. 실제로 그는 제롬의 키와 맞추기 위해 키를 늘리는 다리 수술까지 감행한다. 제롬의 신분을 빌려 마침내 가타카에 상류 계층의 자격으로 들어간 빈센트는 우주 비행사가 되기 위한 훈련에 돌입한다. 회사에서는 만약 있을지도 모를 부적격 계층의 위장 취업을 걸러 내기 위해 불시에 혈액검사와 소변검사를 했는데, 빈센트는 제롬의 혈액과 소변 샘플을 항상 휴대해 검사를 통과했다. 혹시나 머리카락이나 체모를 무심코 흘리지 않도록 빈센트는 매일 아침 완벽하게 샤워한 후 정성껏 머리를 빗고 온몸을 샅샅이 면도해 체모를 제거했다.

순조롭게 훈련을 이어 가 우수한 성과를 거둔 빈센트는 꿈에도 그리던 첫 번째 우주 비행 임무를 맡게 되었다. 하지만 토성의 위성 타이탄 탐사

비행 일주일 전에 감독관이 살해당하는 사건이 발생한다. 철저한 수사가 시작되었고, 엎친 데 덮친 격으로 수사 형사 중에는 동생 안톤이 있었다. 빈센트가 실수로 흘린 속눈썹 한 올에서 그의 정체가 발각될 위기에 처한다. 수사망은 빈센트를 향해 점점 좁혀 오고 그의 정체가 탄로 나기 직전, 다른 사람이 범인으로 밝혀진다. 진범은 가타카의 총책임자 조셉이었다. 평생을 타이탄 탐사 임무에 바쳐 온 조셉은 감독관이 임무를 취소하려 들자, 그를 살해한 것이다.

수많은 위기를 이겨 낸 빈센트는 비행을 떠나기 전 제롬의 집에 들러 고맙다는 인사를 전한다. 하지만 제롬은 오히려 고마운 것은 자기라며 "나는 네게 신분만 빌려줬지만, 너는 내게 꿈을 빌려줬잖아."라고 말한다. 영화는 마침내 우주 비행선에 탑승한 빈센트의 모습과 함께 해피 엔딩으로 끝을 맺는다. 빈센트는 인간의 굳센 의지가 유전자가 지닌 한계, 즉 유전자 결정론을 극복한다는 것을 끝내 보여준 셈이다. 이건 영화니까.

유전자 편집에 의한 사회적 차별을 중심으로 전개된 영화는 유전자 차별이 실제로 일어날 가능성과 그로 인해 심화될 사회적 불평등을 경고한다. 유전자 편집이 어디까지 허용될 수 있는지, 유전자 정보의 사생활 보호는 어떻게 보장할지, 그리고 생명의 본질인 유전자를 인간이 임의로 조작하는 것이 윤리적으로 타당한지에 대한 논의가 촉발되었다는 의미도 있다. 아울러 영화는 과학기술의 발전이 인간 사회에 미치는 영향과 그 남용에 대한 경고도 담고 있다.

공상 속 이야기를 현실로 만드는 유전자 편집 기술 '크리스퍼'

〈가타카〉에서 그려진 세계는 당시만 해도 정말로 허무맹랑한 공상 속 이야기 정도로 여겨졌지만, 최첨단 생명공학 기법인 유전자 편집 기술이 발전하면서 실제로 일어날 수도 있는 일이 되었다. 2013년 미국의 미생물학자 제니퍼 다우드나(Jennifer Doudna)와 프랑스의 생물학자 에마뉘엘 샤르팡티에(Emmanuelle Charpentier)가 규명한 3세대 유전자 가위로 불리는 '크리스퍼(CRISPR, clustered regularly interspaced short palindromic repeats)'가 등장하면서 맞춤형 인간은 현실 속으로 한 걸음 성큼 들어오게 된 것이다. 두 사람은 박테리아가 오랜 세월 바이러스의 공격을 받으며 진화시킨 방어 기술, 즉 자신을 보호하는 면역 체계인 크리스퍼를 활용해 유전자를 편집하는 기법인 '크리스퍼 유전자 가위 기술'을 개발했다. 세균은 전에 침입한 바이러스의 DNA 정보를 크리스퍼 유전자에 저장했다가, 나중에 같은 바이러스가 다시 침입하면 이를 인식하고 방어할 수 있다.

크리스퍼 유전자 가위 기술은 DNA를 자르고 수정하는 데 사용되는 혁신적인 방법이다. 즉, 크리스퍼는 원하는 유전자를 정확히 찾아내어 잘라내는 가위라고 할 수 있다. 안내 역할을 하는 '가이드 RNA'가 원하는 위치를 찾으면 정밀한 가위 '크리스퍼' 단백질이 DNA를 자르는 작업을 수행한다. DNA를 자른 후에는 다른 DNA 조각을 삽입하거나 그 부위를 고칠 수 있다. 유전자의 기능을 변경하거나 더 좋게 하는 것이 가능해진다. 예를 들면, 유전병을 치료하거나 작물을 개량할 수 있다. 이 기술을 개발한 두 과학자는 2020년 노벨상을 받았다.

이론적으로만 볼 때 현재의 기술로도 맞춤 아기의 탄생은 가능하다고 할 수 있다. 크리스퍼 유전자 편집 기술을 사용하면 원하는 유전자를 조작한 아기를 태어나게 할 수 있다. 하지만 이런 기술이 인간 배아에 안전하게 적용할 수 있는지는 아직 확실하지 않다. 이에 관한 연구가 충분하게 이루어지지 않았기 때문이다. 아울러 유전자 편집 기술을 이용하여 맞춤 아기를 제작하는 것에 사회적 합의가 이루어지지도 않았고 법으로도 금지된 실정이다. 우선은 맞춤 아기의 탄생이 가져올 사회적 영향과 윤리적 문제에 대해 사회적 논의가 시급한 것으로 보인다. 즉, 맞춤 아기의 현재 상황은 기술적 제약보다는 윤리적 장벽이 더 크다고 할 수 있다.

엄청난 잠재력을 지닌 크리스퍼 유전자 편집 기술은 잘만 이용하면 인류의 삶을 극적으로 바꿔 놓을 수도 있을 것이다. 특정 유전 질환을 유발하는 유전자를 수정하거나 제거하여 선천적 유전 질환을 예방할 수 있다. 실제로 크리스퍼는 겸상적혈구빈혈증, 암, 선천적 시각 장애 등의 치료에 사용하려고 시도되고 있다. 개인의 고유한 유전적 정보를 바탕으로 한 맞춤형 치료법을 개발하여 약물의 효과를 극대화하고 부작용은 최소화할 수 있다. 아울러 손상된 조직이나 장기의 재생에 유전자 편집 기술을 활용할 수도 있다. 의학 분야뿐만 아니라 농업이나 환경보호 등에 크리스퍼 기술을 널리 응용할 수 있을 것이다. 하지만 아직은 본격적으로 크리스퍼 유전자 가위 기술을 이용하는 단계는 아니다. 현재 크리스퍼의 의학적 응용은 실험실 연구나 초기 임상 시험 단계에 있다. 일반적으로 이 기술을 이용하려면 짧게는 수년에서 길게는 수십 년이 필요할 것으로 보인다.

현실 속의 〈가타카〉

〈가타카〉의 한 장면으로 다시 돌아가 보자. 남자 친구의 DNA 점수가 궁금한 어떤 여성이 DNA 분석 센터를 찾았다. 그녀는 자기 입술을 쭉 내밀며 '내 입술에 남아 있는 남자 친구의 DNA를 분석해 달라'고 부탁한다. 키스한 지 5분도 안 되었으니까, 그의 입술 세포가 자기 입술에 남아 있다고 하면서. 한편 옆 창구에서는 빈센트의 동료인 아이린(Irene)이 그의 머리카락 한 가닥을 가지고 와 DNA 분석을 의뢰한다. 얼마 후 분석 결과가 나온다. 빈센트의 DNA 점수는 10점 만점에 9.3점이었다. 이만하면 꽤 높은 점수라고 할 수 있겠다. 〈가타카〉의 세계에 등장하는 유전자 분석 서비스 이야기는 영화 속 이야기만은 아니다.

2003년 미국의 클린턴 대통령과 영국의 블레어 총리가 인간 게놈 프로젝트의 완성을 선언한 이래 유전자 분석 검사는 놀라운 발전을 거듭했다. 발표 당시 30억 개의 게놈을 분석하는 데 든 시간과 금액은 각각 13년과 30억 달러였다. 그로부터 4년 후 차세대 염기 서열 분석(Next Generation Sequencing, NGS)이 소개된 것은 유전자 분석의 획기적인 발전을 가져온 일대 사건이었다. 분석 비용은 크게 줄어 100만 달러면 충분했고, 분석 속도는 6개월로 매우 빨라졌다. 20여 년이 지난 현재, 3세대 NGS는 고작 3,000달러에 48시간이면 충분할 정도가 되었다. 최근에는 영국에서 옥스

퍼드 나노포어(Nanopore) 시퀀싱을 이용해 불과 15분 만에 게놈 분석을 완료하기도 했다. 개인화한 건강관리 및 맞춤 의료의 수요 증가와 더불어 유전자 분석 서비스 시장은 빠르게 성장하여 2020년대 중반에는 그 규모가 수십억 달러에 이를 것으로 전망된다.

실제로 이미 23andMe, AncestryDNA, Illumina, MyHeritage DNA, Gene by Gene 등 많은 유전자 분석 서비스 회사들이 설립되어 성업 중이다. 이 회사들은 개인의 유전적 정보를 확인하여 조상 분석, 건강 및 질병 예측, 맞춤형 건강관리, 약물 반응 분석, 리포트 및 상담 서비스, 가족 및 친자 확인 등의 서비스를 제공하고 있다. 우리나라에서도 유전자 분석 서비스가 점점 대중화되고 있는데, 마크로젠·테라젠바이오·랩지노믹스·디엔에이링크·마이지놈박스 등 몇몇 바이오 회사들이 개인의 유전 정보를 분석하여 다양한 건강 관련 정보를 제공하고 있다.

개인의 유전자 분석 중 가장 유명한 것은 세계적인 여배우 안젤리나 졸리(Angelina Jolie)의 사례일 것으로 여겨진다. 2013년 졸리는 자신의 브라카(BRCA)1 유전자 분석 결과, 유방암과 난소암에 걸릴 확률이 매우 높음을 알게 되었다. 브라카1 유전자 변이는 여성에서 유방암과 난소암의 발생을 심하게 증가시키는 것으로 알려져 있다. 졸리는 유전자 결함과 가족력 등을 종합할 때 유방암에 걸릴 확률이 87%, 난소암에 걸릴 확률이 50% 이상으로 예측되었다. 졸리는 이 소식을 듣고 예방적 양측 유방 절제술을 받았고, 이후 난소도 제거했다. 졸리의 사례는 대중이 유전 정보의 중요성과 유전자 분석 서비스에 관해서 알게 되는 계기가 되었다.

한편 유전자 정보가 개인의 건강을 위한 유용한 정보로만 사용되지 않을 가능성도 존재한다. 영화에서는 우주 비행사 훈련을 받는 사람들이 매일 수시로 혈액과 소변 샘플을 이용해 적격 여부를 검사하는 장면이 자주 나온다. 이러한 검사는 유전적으로 완벽한 상류 계층만을 골라내려는 방법으로, 〈가타카〉가 그리는 사회가 얼마나 유전자 차별을 일상적이고 체계적으로 행하는지를 보여준다. 만약 유전자 검사가 보편화된 사회가 된다면 우리가 사는 현실에서는 이런 차별이 얼마나 벌어질까?

우선 보험회사에서는 보험 가입과 보험료 결정을 위해 유전자 정보를 제출하라고 요구할 수 있다. 만약 유전적 질병이 있거나 특정 질병에 대한 위험성이 크다면 보험 가입을 거부하거나 보험료를 다른 사람들보다 올려 받을 가능성이 생길 것이다. 직장의 고용주는 직원을 채용할 때 유전자 정보를 이용하여 건강한 사람을 뽑으려 할 것이다. 결혼을 앞둔 남녀가 건강진단서를 교환하는 대신 유전자 분석 진단서를 교환하는 관행이 생길 수도 있다. 이런 일이 벌어진다면 유전적으로 결함이 없는 계층은 그들끼리, 유전적 결함이 있는 사람들은 결함이 있는 사람들끼리 결혼할 수밖에 없게 되어 자연적으로 유전자 계층이 나눠질지도 모른다. 이런 가능성을 방지하기 위하여 우리나라를 비롯한 세계 각국은 개인의 유전 정보를 기반으로 하는 차별을 금지하는 법안을 마련하여 시행하고 있다.

〈가타카〉 영화 속 사회에서처럼 정말로 키 크고 지능이 좋은 아기를 마음대로 낳을 수 있을까? 아직은 확실하지 않지만, 외모나 지능과 관련한 맞춤 아기의 탄생은 기존 생각보다도 훨씬 어렵다는 주장도 있다. 이에 관해

에후드 카라바니(Ehud Karavani) 등 이스라엘 히브리대 연구진이 2019년 학술지 『Cell』에 발표한 시뮬레이션 연구를 소개한다. 연구진은 맞춤 아기의 윤리적 논란 여부는 별개로 하고, 실제로 가능한지에 대해 인간 배아 선별에 관한 연구 결과를 공개했다. 연구진은 착상 전 유전자 검사(체외수정으로 얻은 여러 배아에서 세포를 채취하고 유전적으로 분석하는 검사로 유전자를 편집하여 탄생하는 맞춤 아기의 첫 번째 단계로 여겨짐)와 다중 유전자 위험 점수(어떤 특성에 한 개인의 전체 유전자가 미치는 영향을 수치화한 점수)를 사용했다. 그들은 연구에 참여한 실제 28개 가구의 부모와 자녀들의 유전자를 분석한 결과, 유전자 편집 기술은 영화 속에서처럼 실현되기는 어려울 것으로 판단했다. 예를 들어, 배아의 염색체에서 키와 관련 있는 유전자를 편집하더라도 실제로는 약 2.5cm 정도밖에 키울 수 없는 것으로 나타났다. 지능지수 역시 유전자 편집 결과 평균 2.5 정도밖에 높아지지 않는 것으로 예측했다. 연구진은 "여러 요인이 키와 지능지수에 대한 유전자적 예측의 정확도를 흐리게 한다. 예를 들어, 영양 상태나 양육 환경 등의 조건은 아이의 신체와 인지 발달에 관여하지만, 이를 유전자 선별 검사나 다중 유전자 위험 점수로 포착하기는 불가능하다."라고 밝혔다. 하지만 연구진은 다운증후군이나 낭포성 섬유증, 근이영양증 등의 유전 질환은 착상 전 유전자 검사 등을 이용해 확실하게 배아를 선별할 수 있다고 설명했다.

맞춤 아기의 실제 사례 중 가장 유명한 것은 2018년 중국의 과학자 허젠쿠이(Hè Jiàn Kuí)가 크리스퍼 유전자 편집 기술을 사용하여 탄생시킨 두 명의 쌍둥이 아기이다. 허젠쿠이는 에이즈 감염을 막고자 인간면역결핍

바이러스(Human Immunodeficiency Virus, HIV) 감염의 핵심인 CCR5 유전자를 배아 상태에서 편집하여 에이즈 바이러스가 세포에 침입하지 못하도록 만들었다. CCR5 유전자는 HIV가 세포에 침입하기 위해 결합하는 CCR5 수용체를 세포에 만든다. 그러나 이 실험은 피실험자들의 동의가 불충분했으며, 태어날 아기들에게 미칠 장기적 영향이 불확실하다는 점에서 비윤리적이라는 비판을 받았다. 결국 허젠쿠이는 "개인의 명예와 이익을 추구하기 위해 관련 국가 규정을 고의로 위반했으며 연구와 의료 윤리의 마지노선을 넘었다."라는 죄목으로 유죄판결을 받았고, 3년의 징역형과 43만 달러의 벌금을 부과받았다. 그리고 그는 평생 생식과학 분야에서 일할 수 없게 되었다.

유전자 편집은 어디까지 허용되어야 하는가?

크리스퍼 유전자 가위 기술은 기존의 유전자 가위와 비교해 훨씬 적은 비용으로 손쉽게 원하는 유전자의 특정 부분을 잘라 내거나 새로운 유전자로 대체할 수 있게 해 준다. 2012년 등장과 더불어 선풍적인 관심을 끈 크리스퍼 유전자 가위는 최초의 논문 발표 이후 1년도 채 되지 않아 전 세계 천여 개 이상의 연구실에서 활용되기 시작했다. 하지만 기존에 상상조차 못 한 혁신적인 신기술은 생각하지 못한 결과를 초래하는 경우를 많이 본다. 20세기 초 원자의 세계를 마음껏 탐구하던 물리학의 순수한 기초 연구가 결국 원자폭탄이라는 괴물을 탄생시킨 것처럼. 아직 크리스퍼 유전자 편집은 원하는 위치 외에 다른 유전자도 잘릴 수 있는 오프-타겟(off-target) 효과 등 기술적으로 완벽하지 못하다는 안전성 문제를 안고 있다. 그리고 인체 면역·염증 반응 유발, 암 위험의 증가, 예상하지 못한 DNA 변이 유발 가능성도 보고되고 있다. 하지만 이러한 기술적 문제는 유전자 편집으로 인한 윤리적 문제에 비하면 사소한 것으로 여겨진다.

현재 질병 치료 등의 목적으로 활발히 연구되고 있는 것은 체세포 유전자 편집이다. 체세포란 생식계열 세포를 제외한 나머지 세포, 즉 혈액세포, 근육세포, 신경세포, 지방세포 등을 말한다. 체세포 유전자 편집은 체세포에서만 유전자 편집이 이루어지므로 편집된 세포는 해당 개인의 체세포에만 영향을 미치고 자손에게는 전해지지 않는다. 따라서 생식계열 유전자 편집에 비해 안전하다고 여겨지고 윤리적 논란도 비교적 적다. 체세포 유전자 편집은 겸상적혈구빈혈이나 근위축성 측삭경화증 같은 특정 유전자 질환을 치료하는 데 사용할 수 있다.

생식계열이란 유전물질을 자손에게 전달하는 세포로, 사람의 경우 난자·정자·수정란 및 배아를 말한다. 수정란은 세포분열을 반복하여 태아로 발달하는데, 임신 8주 이전까지는 배아라고 부른다. 생식계열 유전자 편집은 정자와 난자 혹은 초기 배아 상태에서 진행하며, 수정된 유전자가 자손에게도 전달되도록 하여 유전 질환을 예방하거나 원하는 유전적 특성을 자손에게 부여할 목적으로 사용된다. 편집된 유전형질이 미래 세대에 영향을 미치는 생식계열 유전자 편집은 각종 윤리적 논란과 규제에서 벗어나지 못한 형편이다.

생식계열 유전자 편집으로 의도치 않은 결과가 나왔을 때 되돌릴 방법이 사실상 없다. 그리고 크리스퍼는 막대한 비용이 든다는 단점이 있다. 이를 감당할 만한 부자들이 불치병이나 유전병 치료가 아닌 더 큰 키, 더 좋은 지능, 더 많은 근육 등 능력 향상을 목적으로 유전자를 편집할 경우, 우월한 신체와 정신이 후손의 유전자 코드에 대대손손 새겨진다는 의미가 된다. 경제적 불평등이 유전적 불평등으로 전환하게 되는 셈이다. 이러한 유전자 향상에 대한 낙관론을 펼치는 과학자 중 대표적인 사람은 DNA의 이중 나선 구조를 최초로 규명한 제임스 왓슨(James Watson)이다. 그는 "생식세포 치료가 체세포 편집보다 성공 확률이 높다는 건 기정사실이다. 체세포 치료가 성공할 때까지 기다리려면 태양이 다 타 버리고 말 것이다."라고 주장했다. 왓슨이 보기에 우리의 가장 큰 윤리적 문제는 알면서도 써먹지 않는 것이고, 나서서 도울 배짱이 없는 것이었다. 아울러 그는 생식세포를 무슨 루비콘강처럼 취급하고 그것을 건너는 것이 자연의 법칙을 어긴다고 생각하는 것을 어리석다고 생각했다. 하버드 대학교의 유전학자 조지 처치(George Church)는 한술 더 떠 "장애를 없애고, 아이에게 푸른 눈을 주고, 지능지수에 15점을 보태는 게 왜 공공 보건과 도덕성에 진정한 위협이 된다는 건지 모르겠다."라고 말하기도 했다. 그들의 말대로 안전에 문제만 없다면, 질병을 예방하고 인류의 능력을 개선하고 증진하는 것이 왜 문제가 될까?

스티븐 호킹(Stephen Hawking)은 유고집 『호킹의 빅 쿼스천에 대한 간결한 대답』에서 "미래의 인류 사회에서는 유전자 조작을 통해 만들어진 '슈퍼

휴먼'이 지배하고 경쟁하게 될 것이다."라고 경고했다. 호킹은 금세기 안에 인간은 지능과 공격성 같은 본능을 모두 조작하는 방법을 발견할 것으로 예측했다. 물론 사람들이 인간 유전자 조작을 금지하는 법을 만들 수도 있겠지만, 일부는 기억력과 질병에 대한 내성, 수명 등을 개선하고자 하는 유혹을 물리칠 수 없을 것이라고 말했다. 이렇게 되면 인류가 개발한 신기술은 결국 우리 사회의 불평등을 한층 심화하는 결과를 초래할 것이다. 완벽한 조건을 갖추고 태어난 맞춤 아기 앞에서 '모든 인간은 평등하게 태어난다'라는 전제는 한낱 구호에 불과하게 될 수도 있다.

유전자 가위 기술을 개발한 제니퍼 다우드나는 『코드 브레이커』라는 책에서 2014년 봄에 자신이 꾼 어떤 무서운 꿈에 관해 얘기했다. "당신이 개발한 이 놀라운 기술의 용도와 영향력을 알고 싶소."라고 말하는 어떤 사람과 같이 방에 들어가고 보니, 그 사람은 바로 돼지상을 한 아돌프 히틀러(Adolf Hitler)였다. 화들짝 놀라 잠에서 깨어난 다우드나는 어둠 속에서 쿵쾅대는 심장을 달래 봤지만 꿈이 남긴 끔찍한 예감에서 벗어날 수가 없었다. 만약 유전자 가위 기술이 히틀러 같은 사람 손에 들어가면 초인적인 힘을 가진 인간을 만들고자 할 수도 있겠다는 사실에 그녀는 큰 두려움을 느꼈다.

생식계열 유전자 편집이 부자연스럽다는 다우드나의 생각은 과학적 도움을 열망하는 유전병 환자들의 이야기를 들으면서 변하기 시작한다. 그들은 이루 말할 수 없는 고통을 주는 돌연변이 때문에 죽어 가고 있었다. 그녀는 그런 환자들을 대상으로 하는 유전자 편집을 시도하지 않거나 노력조차 하지 않는 것이야말로 비도덕적이라고 생각했다. 개인의 자유와 선택에 우선적 가치를 부여하는 미국 문화 속에서 성장한 다우드나는 자신과 가족의 건강에 대한 결정권을 강조한다. 그러면서도 그녀는 크리스퍼 유전자 편집 기술은 의학적으로 필요하고 다른 대안이 없는 경우에만 사용되어야 한다고 덧붙인다. 물론 그녀도 부유한 이들이 아이의 유전적 자질을 돈으로 구매해 세대가 거듭될수록 커지는 격차, 즉 유전자 편집으로 인한 불평등을 걱정하고 있다.

치료와 향상의 경계는 어떻게 정할 수 있을까? 그 경계는 파도 앞에 힘없이 쓸려 나가 버리는 바닷가 백사장에 그어 놓은 선처럼 보일 수도 있겠지만, 아주 의미가 없지는 않을 것이다. 우리는 치명적인 돌연변이를 교정하는 것과 의학적으로 꼭 필요하지 않은 형질을 추가하는 것의 차이를 잘 알고 있다. 다우드나는 "평균적인 게놈을 향상하려는 시도를 제한하고 유전자의 돌연변이를 수정해 '정상' 버전으로 되돌리는 시도만 지속한다면, 우리는 앞으로도 안전한 쪽에 머무를 수 있다."라고 주장한다. 그녀의 말처럼 우리가 크리스퍼로부터 얻을 수 있는 혜택은 그 위험성을 능가할 것이다. 2015년 나파 밸리 회의 보고서에서 언급한 대로 인류는 우리 유전자의 미래를 좌우할 힘을 가진 전례 없는 상황에 맞닥뜨려 있다. 우리는 우리에게 주어진 능력을 존중하면서 조심스럽게 앞으로 나아가야 한다.

더 생각해 볼 문제

① 다음 두 가지 사례에 대해 대중의 반응이 달랐던 이유를 생각해 보자. 첫 번째 사례는 어느 레즈비언 커플의 사연이다. 청각장애인인 두 사람은 듣지 못한다는 것을 고쳐야 할 장애가 아닌 하나의 문화적 정체성으로 받아들였다. 두 사람은 그들과 같이 청각장애가 있는 자녀를 갖고 싶었다. 그들은 수소문 끝에 5대째 청각장애가 있는 가족 출신의 정자 기증자를 찾아냈고, 원하는 대로 청각장애 아들을 얻었다. 이 사연이 《워싱턴 포스트(Washington Post)》에 소개된 이후 그들에게는 엄청난 비난이 쏟아졌다.

두 번째 사례는 불임 부부가 난자 제공자를 찾기 위해 하버드 대학교 교내 신문과 다른 아이비리그 대학들의 교내 신문에 광고를 낸 사연이다. 그들이 내건 난자 제공자의 조건은 매우 엄격했다. 난자 제공 여성은 키가 175cm 이상에 건강하고 탄탄한 몸매여야 했다. 가족 중 특별한 병력이 없어야 함은 물론이고 미국대학능력시험 SAT 점수는 1,400점 이상이어야 했다. 그들은 이 요건을 충족하는 난자 제공자에게 5만 달러의 보상을 약속했다. 이 광고를 본 대중은 부부에게 별다른 비난을 하지 않았다.

계획적으로 청각장애 아기를 만든 레즈비언 부부와 뛰어난 신체 조건과 지능을 가진 아이를 얻기 위해 최상급의 난자를 구하려고 한 부부의 사례는 어떤 면에서 달랐을까?

② 1883년 찰스 다윈(Charles Darwin)의 사촌인 프랜시스 골턴(Francis

Galton)이 제창한 우생학과 아이의 자율성을 제한하지 않는 비강제적 인 유전적 강화를 추구하는 현대의 자유주의적 우생학은 무엇이 다 른가?

③ 마이클 샌델(Michael Sandel)은 『완벽에 대한 반론』에서 유전학의 획 기적인 발전은 밝은 전망과 어두운 우려를 동시에 안겨 준다고 지적 했다. 발전된 유전학이 약속하는 밝은 전망과 생명공학의 힘을 누구 나 누릴 수 있는 미래 사회에 대해 우리가 느끼는 우려는 무엇인지 이 야기해 보자.

더 찾아볼 작품

유전자에 의해 운명이 결정되는 미래 사회를 다룬 영화 <가타카>에서는 개인의 자유와 인간의 가능성에 대해 많은 질문을 던지고 있다. 이와 관련하여 더 찾아보면 좋은 책과 영화를 소개한다.

올더스 헉슬리(Aldous Huxley)의 소설 『멋진 신세계(Brave New World)』
헉슬리가 1932년 발표한 『멋진 신세계』는 통일된 하나의 정부가 통제하는 미래의 전체주의 사회를 배경으로 하는 디스토피아 소설이다. 그는 개인의 운명이 전적으로 타고난 유전자에 의해 결정되는 극단적인 유전자 결정론의 사회를 그리고 있다. 이 작품을 통해 과학과 기술의 남용이 인간의 본질적 요소들을 어떻게 파괴할 수 있는지에 관해 고민할 수 있을 것이다.

가즈오 이시구로(Kazuo Ishiguro)의 소설 『나를 보내지 마(Never Let Me Go)』
일본에서 태어난 영국의 소설가 이시구로가 2005년 지은 『네버 렛 미고』는 복제 인간의 삶과 운명을 그린 디스토피아 소설이다. 『나를 보내지 마』는 2010년 <네버 렛 미고>라는 이름으로 영국에서 영화로 만들어져 개봉되기도 했다. 이시구로는 유전적으로 운명이 결정된 복제 인간을 소재로 하여 인간 복제가 초래할 수 있는 윤리적 문제에 관해 질문을 던진다.

영화 <블레이드 러너(Blade Runner)>

1982년 미국에서 개봉된 리들리 스콧(Ridley Scott) 감독의 SF 액션 스릴러 영화 <블레이드 러너>는 사람과 구별할 수 없을 정도로 비슷하지만, 유전자 조작을 통해 태어나 수명이 제한된 복제 인간인 레플리컨트(Replicant)를 중심으로 유전자 조작과 인간 정체성의 문제를 고민하고 있다. 영화는 유전자 조작을 통해 창조된 존재인 레플리컨트의 권리는 무엇이고 그들도 인간처럼 존엄성을 가진 존재인지 질문한다. 개봉 당시 엄청난 혹평을 받았던 <블레이드 러너>는 10년의 세월이 흐른 뒤에야 철학적인 깊이를 지닌 영화라는 평가와 함께 그 진가를 인정받았다.

의사의 자격과 치료의 방법

— 영화 〈패치 아담스〉를 통해 본 의사와 환자 관계

최 우 석

다른 방식으로 치료하기?

〈패치 아담스(Patch Adams)〉는 1999년 4월 3일, 국내에 개봉된 코미디 영화이다. 감독은 톰 새디악(Tom Shadyac), 주연 배우는 로빈 윌리엄스 (Robin Williams)이다. 이 영화는 의사이자 광대, 사회 운동가이자 코미디언으로 미국에서 잘 알려진 헌터 도허티 '패치' 아담스(Hunter Doherty 'Patch' Adams, 1945-현재)라는 실존 인물의 삶을 바탕으로 만들어진 것이다. 그는 광대 옷을 입고 진료하는 것으로 유명하고, 친구들과 함께 설립한 게준트 하이트(Gesundheit) 연구소에서 비영리 건강관리 복지사업을 하고 있으며, 여러 자원봉사자들과 함께 세계를 돌며 오늘날까지 무료 진료 봉사를 하고 있다.

영화 〈패치 아담스〉는 시종일관 의사가 무엇인지, 혹은 무엇이어야 하는지를 보여주고 있다. 이 글은 영화의 내용을 상세하게 따라가면서 영화가 드러내고자 하는 의미를 밝히고자 한다. 여기에서 드러나는 의미란 "의사란 도대체 어떤 사람이어야 하는가?"이다. 영화는 시간과 공간의 변화를 세 가지 이야기—①정신병원, ②웨스트버지니아 의과대학 ③의과대학

3학년과 게준트하이트 공동체 오두막—로 구분 지어 전체 '서사(narrative)'를 이룬다. 우선, 영화의 첫 번째 이야기는 패어팩스 정신과 병동(fairfax psychiatric ward)의 상황으로 구성된다. 패어팩스 병원은 주인공 헌터가 자진해서 방문하여 환자를 돕고 산다는 게 무엇인지를 깨닫게 되는 장소이다.

영화는 병원을 버스 타고 병원을 찾아가는 헌터 아담스의 모습을 담은 장면과 함께 단테의 시를 인용하며 다음과 같이 시작된다.

우리 모두 길을 잃는다. 집, 평온은 목적이지만 내 안에 혼돈(storm)은 언제나 있다. 난 다른 곳에서 길을 찾았다.

'평온'을 추구하는 방식은 '다른 곳'에서도 발견될 수 있다는 말은 영화가 강조하는 주제를 드러낸다. 즉 의사가 추구해야 할 환자를 치료하는 방법은 '다른 방식으로' 발견될 수 있다는 것인데, 이는 처음부터 끝까지 영화를 관통하는 핵심 주제이다. 그렇다면 영화가 강조하는 '다른 방식'은 무엇인가? 영화는 첫 번째 이야기에서부터 이를 선명하게 드러낸다.

깨달음

첫 이야기는 1969년, 패어팩스 정신과 병원에서 헌터가 겪은 이야기인데, 헌터는 양극성 정동장애(bipolar disorder)를 앓고 있어서 자살을 여러 번 시도하였고, 심적 어려움 때문에 자진해서 정신병동에 들어간다. 병원에서 헌터 아담스가 처음 마주한 환자는 아서 맨델슨(Arthur Mandelson)으로 그는 헌터를 보자마자 손가락 4개를 펼친 채 "손가락이 몇 개 보이냐?" 하고 묻는다. 헌터는 4개라고 답하지만 '멍청한 놈'이란 소리만 들었을 뿐이다. 두 번째로 헌터가 마주한 환자는 다람쥐 공포증(squirrel phobia)이 있는 루디(Rudy)이다. 그는 방 안에서 갑자기 이유 없이 "다람쥐 좀 내게 오지 않게 해 줘!"라고 소리 지르며 헌터를 놀라게 한다. 헌터는 이곳에서의 삶이 쉽지 않을 것 같다고 느낀다.

이어지는 장면에서 헌터는 담당 의사와 이야기를 나눈다. 헌터는 의사가 자신의 이야기에 귀 기울이지 않고 형식적으로만 대한다는 것을 깨닫는다. 헌터가 말도 안 되는 이상한 이야기를 의사에게 해도, 의사는 좋은 이야기였다고 말하며 다음 일정을 잡을 뿐이다. 영화는 여기에서 헌터의 실망스런 표정을 의사의 무관심한 표정과 대조하여 보여준다.

다음 장면에서도 의사와 헌터의 대조 관계는 뚜렷하게 드러난다. 이어지는 장면에서 헌터는 여러 환자와 함께 의사와 상담하는 시간을 갖는다. 환자들 중에는 아직 뇌는 살아 있지만, 외부 반응에 거의 반응하지 않고 한쪽 팔만 들고 있는 긴장병(catatonic) 환자가 있다. 의사의 눈에는 긴장병 환자 비니(Beany)는 정신 질환으로 인해 몸이 경직된 환자일 뿐이다. 하지만 헌터에게 비니는 대화에 적극적으로 참여할 수 있는 또 하나의 참여자이다. 헌터는 비니가 위를 향해 한 손만 들고 있는 것을 활용해 대화 상황을 즐겁게 만든다. "천국은 어디에 있지 비니?" "히틀러에게는 어떻게 인사해 비니?" 등 장난스럽게 물으며 다른 환자들과 함께 깔깔거리며 웃지만, 의사는 오히려 이런 헌터가 만든 대화 분위기를 못마땅하게 여긴다. 분명한 점은 의사를 제외한 다른 참여자들 모두는 오히려 헌터가 주도하는 대화를 통해 활기를 얻는다는 것이다. 영화는 의사와 대립하는 헌터를 묘사하는 두 시퀀스를 통해 환자를 대하는 '다른 방식'을 간접적으로 드러낸다. 환자와 단절된 의사, 경직된 병원 치료 체계의 방식이 아닌 다른 방식으로 환자와 연결될 때, 즉 환자의 모습을 그대로 인정하고 이를 존중할 때, 해법이 나온다는 사실을 알린다. 이는 기존의 치료 방식, 의료 체계와는 '다른 방식'으로 환자에 접근할 때 더 좋은 해결책이 있음을 보여준 것이다. 헌터는 병동 생활을 통해 이와 같은 사실을 깨닫기 시작한다.

헌터는 아서와 한 번 더 이야기를 나누는데, 아서의 "손가락이 몇 개로 보이냐?"라는 질문에 처음으로 손가락이 4개가 아닌 8개로도 보일 수 있다는 점을 깨닫는다. 이 대화로 헌터는 아서로부터 '상처를 치유하다'라는 뜻인 패치(Patch)라는 별명을 얻게 된다. 이어지는 장면에서 패치는 자신의 깨달음에 확신을 얻게 된다. 같은 방을 사용하는 루디가 다람쥐 공포로 또 소동을 일으킬 때 패치는 그를 이상하게 여기지 않고 오히려 함께 다람쥐 소탕 작전을 소란스럽게 펼친다. 루디가 두려워하는 것을 있는 그대로 인정하고 그의 심정을 공유할 때 오히려 화장실에 가려는 루디의 목적은 더 쉽게 이루어진다. 패치는 정신병원에서 본인보다 더 우울하고, 상태가 심각한 사람들을 보며 앞으로 자신이 어떻게 살아가야 할지, 무슨 일을 해야 할지를 깨닫게 된다. 패치는 환자와 연결될 수 있으며, 그들과 함께할 때

환자들을 더욱 잘 보살필 수 있고, 그들을 더 쉽게 도울 수 있다고 확신하며 자진해서 들어온 병원을 자진해서 나가게 된다.

영화는 감옥처럼 체계 지어진 방, 환자 말에 무심한 의사, 환자의 이름을 잘못 알고 있고, 환자들의 즐거움을 오히려 골칫거리로 여기는 의료인들과 대조되는 패치의 깨달음을 중요하게 드러낸다. 이는 패치와 의사의 다음과 같은 대화를 통해 알 수 있다.

> 패치: 나는 사람들을 돕고 싶어. 지난밤 루디와 함께할 때 나는 다른 사람과 연결될 수 있다는 걸 알았습니다. 나는 이를 더 알기 원해요. 나는 사람들을 통해 더 배우기를, 사람들을 더 도울 수 있기를, 사람들의 문제를 해결할 수 있기를 원하고 있습니다.
>
> 의사: 그게 바로 제가 하고 있는 일입니다.
>
> 패치: 당신은 전혀 그런 일을 하고 있지 않아요. 다른 사람이 이야기할 때 쳐다보지도 않는데 뭘 한단 말이죠? 나는 정말로 사람들의 이야기를 듣길 바라고 있어요.

실험

영화의 두 번째 이야기는 2년 후인 1971년 버지니아 의과대학의 상황으로 진행된다. 두 번째 이야기의 주요 내용은 헌터가 3학년이 되기 전까지 그가 겪은 상황이다. 두 번째 이야기는 학교 전경과 함께 기숙사 방을 같이 쓸 동료 미치(Mitch Vroman)와 인사를 나누는 장면으로 시작된다. 여기서 부터 헌터는 더 이상 자신을 헌터라고 소개하지 않고 '패치'라고 소개한다. 미치는 우등생이자 전형적인 백인 의사의 모습으로 묘사된다. 그는 자기 수상 경력을 패치에게 자랑스럽게 밝히지만, 패치는 이상한 농담만 건넬 뿐이다. 이때 미치는 신입 의대생치고는 늙은 것 같은 패치가 이상하다고 생각한다. 다음 장면에서는 패치와 끝까지 대립되는 인물인 의과대학 학 장 월콧(Walcott)이 등장한다. 그는 의과대 신입생들이 모인 강연장에서 강 연하는데, 의사는 '힘을 얻는 자, 두려워하는 환자를 구원하는 자'이며 자신 은 그런 '의사를 만들겠다'고 강조한다. 월콧에게 의사는 힘을 가진 자, 환 자와의 비대칭적 관계 속에서 환자를 구원하는 자이다. 이는 이후 계속해 서 확인될 영화 속 패치의 의사관과 대립되는 관점이다. 패치에게 의사는 환자이며, 환자는 곧 의사이다. 서로는 서로를 도우며 함께 연결된 존재로 서 공생한다.

학장이 이끄는 근엄하고 진지한 수업 분위기 속에서 패치는 오직 첫눈에 반한 의대생 카린(Carin Fisher)에게만 관심을 가질 뿐이다. 물론, 카린은 패 치에게 아무런 관심도 두지 않고 오히려 적대심만 표출한다. 강연 이후 패 치는 처음으로 트루먼(Truman Schiff)과 대면하고 말을 트게 된다. 둘은 식 사를 하면서 대화를 나누는데, 대화 속에서 패치는 군대 교관 같은 학장의 연설에 동의하지 않으며, 3학년 때까지 환자를 만나지 못하는 현실을 비판 한다. 이에 트루먼이 "왜 의사가 되고 싶어 해?" 하고 묻자. 패치는 왜 의사 가 되고 싶은지를 다음과 같이 밝힌다.

나는 돕기를 원해. 나는 다른 사람과 연결되고 싶어. 의사란 가장 취약한 사람들과 함께 어울리며 연결되어야 한다고 생각해. 의사란 이를 통해 치료 방법을 제시하지만 동시에 이들의 상담자가 되어줘야 하고 이들에게 희망도 줄 수 있는 자가 되어야 한다고 생각해. 이게 바로 의사란 존재가 갖춰야 할 이상이고 내가 열망하는 것이지.

패치는 의사로서 사람들과 연결되길 원한다고 말한다. 그는 환자가 가장 취약할 때, 치료도 건네고, 상담도 하며 희망을 주는 자가 되고 싶다고 말한다. 그는 우리 인간이야말로 신경계의 짜인 틀에 맞춰 성장하지 않고, 이를 뒤틀거나 상황을 바꾸거나 한계에 직면하면서 성장하는 자라고 확신한다. 즉 패치는 의사란 기존의 방식이 아닌 '다른 방식'을 추구해야 하는 자라고 본다.

다른 방식의 추구가 중요하다는 사실을 증명하기 위해 영화 속 패치는 짜인 틀이 아닌 상황을 뒤바꾸는 기이한 행동을 한다. 그는 트루먼에게 자신의 기이한 행동들이 하나의 '실험'이라고 설명한다. 가령, 패치는 '인사 실험(hello experiment)'이라며 창밖에 몸을 내밀고 지나가는 할머니에게 인사를 하는데, 패치의 예상대로 할머니는 짜인 틀에 따라 반응하지 않는다. 할머니의 모습에서 패치는 자신의 신념이 성공할 수 있다고 확신한다. 이런 확신을 계속해서 증명하기 위해 패치는 동료에게 '사람들이 있는 세상으로 나가야' 한다고 강조한다. 패치와 트루먼은 우연히 고기 포장업자 집회에 참석한다. 사람들과 흥겨운 시간을 보내던 중 패치는 도축업에서 착용하는 흰 가운을 입은 자기 모습이 거울을 통해 비치자 다음과 같은 질문을 한다. 도대체 "3학년과 1학년의 차이가 뭐지?"

다음 장면에서 패치는 3학년 이상부터 환자를 만날 수 있다는 규정을 어긴 채 흰 가운을 입고 교수 회진에 참여한다. 패치는 트루먼과 함께 실험을 계속해서 진행한다는 명목을 갖고 회진을 주도하는 의사와 수련생들을 따라다닌다. 의사와 수련생들은 누워 있는 환자 앞에 서서 환자의 병명과 진단 및 치료 방법을 무심하게 살핀다. 교수와 수련생들은 누워 있는 환자를 마치 하나의 물건 이름을 맞추듯, '당뇨성 말초신경병증', '림프부종'이라며 말할 뿐이다. 여기에는 환자가 듣고 겪을 난처함이나 고통, 괴로움에 대한 고려가 전혀 없다. 심지어 이들은 "괴저가 있을 시 다리를 절단해야 한다." 라는 이야기를 환자가 듣든 말든 무심하게 내놓을 뿐이다. 이들에게 환자의 근심과 고통은 자신들과 전혀 관계없는 것이며 환자는 그저 하나의 관찰 대상으로 간주될 뿐이다. 이들의 대화에 패치는 느닷없이 끼어들며 다음과 같이 질문을 한다: "환자의 이름이 무엇이죠?" 패치의 질문에 당황한 교수는 그녀의 이름이 마저리(Marjorie)라고 알려 준다. 환자의 이름 따위에 전혀 관심이 없어 보였던 이들에게 패치는 '그저 환자의 이름이 궁금했을 뿐'이라고 말한다. 패치가 환자에게 "안녕 마저리?" 하고 인사를 건네자 그제서야 불안해하던 환자는 "네, 안녕하세요?" 하고 답한다.

다음 장면에서 패치는 305호 병실의 췌장암(pancreatic cancer) 환자 데이비스(Davis)의 방이 궁금했지만, 간호사들이 만류하여 다른 병실의 환자들을 향해 발걸음을 옮긴다. 병원을 걷던 중 학장 월콧의 눈을 피하려고

한 병실로 숨어들었는데, 우연히 들어간 그 병실은 소아암 환자들의 병실이었다. 패치는 누워 있는 아이들을 위해 각종 치료 기구(관장 진공관으로 빨간 코 만들기, 라텍스 장갑으로 닭 볏 만들기, 소변 통을 모자로 쓰기 등)를 이용해 광대가 되어 아이들을 웃게 하여, 병실의 분위기를 즐겁게 만든다. 아이들은 모두 헌터의 행동으로 기쁨을 얻지만, 간호사의 눈에는 난장판으로 보일 뿐이다. 패치가 조용히 다른 병실로 이동하려는 순간 학장과 마주치게 된다.

이어지는 장면은 어두운 학장실 내부에서 학장과 패치가 면담하는 상황이다. 학장은 못마땅한 표정을 짓고 있다. 그는 자신을 '패치'라고 불러 달라는 요청을 무시하고 패치를 일방적으로 '헌터'라고 부르며 병원의 규정을 따를 것을 강요한다. 학장은 다른 방식을 살필 틈도 없이 규정은 반드시 따라야 하는 것이라고 믿는다. 그는 패치 자신이 어떻게 불리길 바라는 것과 전혀 상관없이 헌터라고 부르는 게 바르다고 판단하면 그렇게 불러야 한다고 믿는 전형적인 의사이다. 학장은 3학년이 된 이후에야 환자들을 만날 수 있다는 규정은 여러 세기에 걸친 경험으로부터 나온 성과라며 이에 순응할 것을 강조한다. 학장은 '열정이 의사를 만드는 게 아니라 자신이 의사를 만드는 것(passion doesn't make doctors, but I make doctors)'이라며 패치에게 앞으로 조심하라고 경고한다.

다음 장면은 패치와 동료들이 스터디를 하는 장면으로 시작된다. 우연히 트루먼의 초청으로 패치가 첫눈에 반했던 카린도 스터디에 참여한다. 패치는 카린에게 "왜 의사가 되려고 하는가? 왜 환자는 이름이 아니라 병명으로 불리는가?" 하고 질문한다. 패치는 "의사와 환자가 감정적으로 연결되면 어떨까?(What if a doctor becomes emotionally involved with a patient?)" 하는 질문과 함께 만일 그렇게 되면 의사는 환자를 달리 볼 것이며 히포크라테스 선서에도 더 부합하는 행동으로 이어질 거라고 말한다. 하지만 공부할 게 많고 낙제를 피해야 할 의대생들에게 이런 고민은 시답잖은 일로 간주될 뿐이다.

이어지는 영화의 시퀀스들은 패치의 계속되는 실험을 보여준다. 그는 소아 환자들의 병동을 찾아가 다양한 방식으로 아이들을 기쁘게 해 준다. 패치는 아이들과의 감정적 교류를 지속해서 시도한다. 아이들도, 환자의 부모들도, 그리고 간호사들도 점점 패치의 계속되는 실험을 환영하고 좋아하게 된다. 의대생의 시험 성적이 학교 게시물에 공개되던 날 카린은 패치의 높은 성적을 본 후 자신은 패치를 오해했으며, 패치의 모습은 자기 생각을 혼란스럽게 한다고 말한다. 패치는 카린에게 관장 진공관(enema bulb)을 보여주며 이를 착용하고 환자들을 기쁘게 할 때면 의사든 환자든 아픔에 신경 쓰지 않게 된다고 말한다. 환자들을 즐겁게 하는 감정 교류가 있을 땐 잠시라도 아픔을 잊고 대화에 집중할 수 있다고 설명한다. 패치는 카린에게도 관장 진공관을 써 볼 것을 권유한다. 카린은 빨간 코가 된 자기 모습을 거울로 보며 웃는다. 패치는 그런 그녀에게 부탁 하나를 한다.

패치의 부탁은 사파리 사냥을 꿈꾸는 환자 재키(Jackie)가 죽기 전 마지막으로 사냥을 할 수 있게 돕는 것이다. 트루먼과 카린은 재키에게 사자,

푸들, 덤보 등의 풍선 인형을 던지며 장난감 총으로 이를 터트릴 수 있게 돕는다. 환자는 풍선 사냥을 통해 자신의 꿈을 이룬 것에 크게 감동하여 패치, 카린, 트루먼에게 진심으로 감사를 전한다. 패치는 재키 옆에 있는 또 다른 환자(Mrs. Kennedy)에게 이루고 싶은 "꿈이 무엇이냐?" 하고 묻자, 그녀는 국수로 가득 찬 풀장에서 수영하고 싶다고 말한다. 카린은 패치의 이와 같은 행동을 조금씩 이해하기 시작하며, 그에게 마음의 문을 조금씩 열기 시작한다.

이어지는 장면에서 패치는 305호 췌장암 환자 데이비스를 찾아간다. 그는 누워 있는 그를 향해 다음과 같은 노래를 부른다. "Blue skies, Shining on me, Nothin' but blue skies, Do I see, Bluebirds, Singin' a song" 노랫소리에 깬 데이비스는 도움이 필요 없다며 호되게 패치를 병실 밖으로 쫓아낸다. 쫓겨난 그는 다른 병실의 환자를 찾아가 환자와 보호자를 기쁘게 하지만, 이 광경은 학장에게 발각되고 만다. 학장은 3학년이 되기 전까지 병실에 오지 말란 경고를 무시했으며, 광대가 될 거라면 병원에 있지 말고 서커스에나 가라고 패치를 야단친다. 패치는 자신은 '친구'를 만난 것뿐이라고 말하지만 학장은 이곳에서는 친구가 필요한 게 아니라 '의사'가 필요하다고 이야기한다. 그리고 패치의 좋은 성적을 두고 동료들은 패치의 부정행위를 의심한다고 말해 준다. 학장의 말을 듣고 분노한 패치는 같은 방 룸메이트 미치에게 왜 자신을 부정행위 하는 사람으로 소문냈냐면 묻지만, 미치는 패치의 공부량을 생각해 보면 결코 그런 성적이 나올 수 없다고 이야기한다. 미치는 자신은 진정한 의사가 되기 위해 열심히 노력하지만, 패

병실에서 패치는 관장 진공관을 이용해
빨간 코를 만들고, 광대처럼 등장한다.
소아암 환자는 그의 우스꽝스러운 모습에 미소를 짓는다.
아이의 웃음이 우리에게 감동을 주는 이유는 무엇일까?
그리고 패치의 모습을 통해 우리는
왜 의사의 역할을 다시 생각하게 될까?

치는 그런 노력을 비웃게 만든다고 토로한다. 미치는 패치에게 죽어 가는 환자들에게는 유치원 선생이 필요한 게 아니라 전문 의사가 필요하다고 말하며, 전문 의사가 되기 위해서라면 네가 생각하는 나쁜 놈이 된다고 해도 이를 감수하겠다고 한다. 패치는 미치에게 너는 아직 젊으니 새로운 생각을 해 보라고 권유한다.

학장과 미치와의 대화 이후 패치는 보란 듯이 통제 불능인 305호 병실 데이비스(Davis)를 천사 복장으로 찾아간다. 누워 있는 그의 앞에 서서 패치는 죽음에 대한 다양한 단어나 묘사를 나열하며 환자의 마음을 열게 한다. 데이비스는 죽는다는 건 '체크아웃'하는 거라고 화답하기 시작한다. 데이비스의 마음을 열게 된 패치는 산부인과 병동에는 "여자들이 누워 있을 거야."라고 말하며 데이비스를 이끌고 산부인과로 구경 간다. 영화는 패치의 생각과 그가 진행하는 실험이 틀리지 않았음을 계속해서 보여준다. 이어지는 장면에서 윌콧 학장은 의학 세미나가 개최될 예정이니 그들의 위업과 지위에 맞는 환대가 필요하다고 이야기하며 수업에 참여한 학생 중 이들을 맞이할 준비를 할 학생으로 헌터 아담스를 지목한다.

세미나가 개최되는 날 수많은 산부인과 의사들과 부인들이 버스를 타고 제시간에 학교에 도착한다. 패치는 이들을 맞이하는데, 그는 출입문 양옆으로 여성의 다리를 벌려 놓은 조형물을 만듦으로써 마치 손님들이 여성의 자궁으로 들어가는 듯한 우스꽝스러운 광경을 연출한다. 패치는 "의술이라는 힘으로 여성을 만지는 선생님들, 미끌미끌하니 조심히 들어오라."는 농담으로 손님들을 맞이한다.

귀한 손님들을 우스꽝스럽게 맞이했다는 이유로 학장은 패치에게 의대에서 나가라고 통보한다. 패치는 "왜 제가 나가야 합니까?" 하고 항변하지만, 학장은 환자와 의사를 동등한 관계로 만들었고, 환자를 향한 '객관성'을 흐리게 만드는 일을 자주 하며, 특히 저명하신 분들을 욕되게 했다고 말한다. 패치는 학교에서 떠나라고 명령하는 학장의 성난 모습이 흐릿하게 보이더니 마치 손가락 8개를 보듯 흐릿해지는 일이 떠오르며 그의 분노마저도 포용하려는 태도로 웃음으로 반응한다. 이후 패치는 학과장 앤더슨(Anderson)을 찾아간다. 앤더슨은 학장 윌콧의 지적도 일리가 있지만, 패치의 행동으로 환자들의 삶의 질이 나아졌으며 더 웃고 약도 더 잘 먹으며 처방에 고분고분해졌다고 인정한다. 그 예로 305호 빌(Bill Davis) 환자가 더 이상 간호사에게 요강을 던지지 않게 되었다고 알려 준다. 하지만 앤더슨은 더 이상 병원을 출입하지 말 것과 학장을 멀리할 것을 권한다. 특히 정상적으로 졸업하기 위해서는 앞으로 일을 망치지 말아야 한다고 패치에게 강조한다.

패치는 이후 자신이 짝사랑하던 카린에게 세포학 공부라는 명목으로 깜짝 생일 파티를 열어 준다. 감동한 카린은 패치와 조금 더 깊은 이야기를 나누게 되는데, 대화에서 패치는 어떻게 자신이 의사를 길을 선택했는지, 그리고 정신병동에서 어떤 경험을 했는지를 이야기한다. 그의 이야기의 핵심을 살펴보자.

패치: 정신병원에서 얻었던 경험은 최고의 경험이었어.

카린: 거기 의사가 어떻게 너를 도왔길래 그래?

패치: 거기 의사들은 내게 아무런 도움이 되지 못했어. 오히려 환자들이 날 도왔지.

환자들은 정말로 나를 도왔고 서로를 도왔으며 이를 통해 나는 내 문제를 완전히 잊을 수 있게 되었어. 실제로 그랬지. 나도 그들을 도왔고. 이는 정말 믿을 수 없는 느낌이었어, 카린. 거기에 루디라는 한 환자가 있었는데 나는 그가 소변을 볼 수 있게 도왔지. 그때 내 삶에서 처음으로 나의 문제를 잊을 수 있었고 그건 정말 최고의 사건이었어.

패치는 정신병동에서의 깨달음이 자신이 의사가 되고 싶은 이유이자 지금 실천하고 있는 실험들의 동기임을 분명하게 밝힌다.

이후 305호 병실의 췌장암 환자 빌은 패치의 노래를 듣고 싶어 그를 찾는다. 빌은 마지막으로 패치가 부르던블루 스카이' 노래를 듣다 운명하게 된다. 빌을 보내고 귀가하던 중 패치는 병원 접수처에서 교통사고 당한 딸을 급하게 봐야 한다고 울부짖는 여성을 목격한다. 그녀는 딸을 봐야 하는데 영어를 못해서 어찌할 줄 몰라 애가 타는 심정으로 발만 구를 뿐이다. 이후 카페에서 패치는 트루먼과 병원 행정 처리의 관료적 문제를 이야기한다. 그러던 중 맹장염 수술이 급한데 서류가 없어 집에 돌아가야 했던 카페 직원의 이야기를 듣게 된다. 이후 옆 테이블 사람들도 말을 거들며 약값, 처방 값에 단순한 치료에도 큰 비용이 청구되는 현실을 하소연한다. 그런 하소연을 들으며 패치는 갑자기 아이디어가 떠올랐다고 말한다. 그의 아이디어는 패치가 생각하는 의사와 병원의 역할을 잘 보여준다. 그의 아이디어는 다음과 같다.

> 패치: 오, 갑자기 많은 생각들이 떠올랐어, 날 좀 도와줘. 내가 말하는 걸 적어 줘 봐.
> 나는 먼저 이 세상에 재미있는 병원을 만들 거야. 완전히 아무런 절차도 없는 자유로운 병원이지. 거기엔 비밀 통로도 있고, 게임방도 있고 미끄럼틀도 있게 될 거야.
> 트루먼: 패치, 좀 천천히 말해, 너무 빨라서 적기 힘들어.
> 패치: 천천히 말할 수 없어. 아이디어가 사라지기 전에 빨리 말해야겠어. 우리는 웃음으로 고통과 아픔을 치유할 거야. 의사든 환자든 서로의 동료가 되어 서로를 지켜 줄 것이고 거기에는 어떠한 직함도 상급자도 없을 거야. 사람들은 서로의 꿈을 실현시킬 수 있도록 도울 것이고 기쁨이 가득한 삶이 넘치는 공동체의 일원이 될 거야. 그곳에서는 사랑이야말로 최고의 목적이 될 거야.

패치는 무료로 운영되며 웃음으로 환자의 고통을 치유하는 곳이자 어떤 직급도 상사도 없으며 배움이 있고 사랑이 최고의 목적인 그런 병원을 만들고자 한다. 그런 병원은 월콧 학장이 말하는 권력과 통제가 있는 병원과는 다른 병원으로 사랑과 희망이 넘칠 것이라고 말한다. 물론 패치의 계획을 들은 주변 인물들은 낭만적 계획이지 현실성이 없다는 부정적 반응을 보인다. 기존의 방식을 깨는 일은 힘든 일이라며 동료들은 걱정한다.

확신과 실천

영화의 세 번째 이야기에서는 의과대학 3학년이 된 이후의 상황이 전개된다. 패치는 회진 의사를 통해 병원의 절차를 따르라는 말을 듣지만, 패치는 왜 시스템을 바꾸면 안 되는지 되묻는다. 패치와의 대화를 끊고 회진 의사는 환자를 향해 손가락이 몇 개로 보이냐고 묻는데, 이 장면에서 패치는 처음 병원에서 꿈꾼 열정을 실행하기로 마음먹는다.

패치는 '패치'라는 이름을 지어 준 아서의 도움으로 오두막 같은 낡은 곳에서 자신의 꿈인 자유로운 병원을 하나씩 만들어 간다. 패치는 카린에게 높은 언덕에 있는 광활한 숲 한가운데를 소개하며 이곳이 곧 건강연구소(Gesundheit Institute)의 자리가 될 거라며 자신의 미래를 설명한다. 복잡한 병원 절차 때문에 병원 진입이 어려운 사람들, 진료를 받기 위해 길게 대기 줄을 선 사람들, 돈이 없는 사람들, 보험이 없는 사람들 등을 위해 무료로 운영하는 진료소가 된 건강연구소 오두막은 금세 입소문을 타 문전성시를 이룬다. 건강연구소에 소속된 이들은 서로 기부를 주고받으며, 서로를 도우면서 오두막을 성장시켜 간다.

어느 날 카잔차키스의 작품을 읽는 것을 즐기는 래리(Larry)라는 사람이 찾아온다. 불안한 모습의 그는 뭔가 도움받을 수 있을 것 같아 건강연구소에 왔다고 말한다. 카린은 응급실에서 그를 본 적이 있는데, 이상하다고 말하며 경계한다. 하지만 패치는 자신도 그를 보았으며, 우리가 그를 사랑하지 않으면 누가 그를 받아 주겠냐며 우리가 그를 품어야 한다고 대수롭지 않게 말한다. 이제 카린과 패치는 자신들의 속마음과, 자신들의 경험과 그로부터 얻은 삶과, 그런 삶으로부터 나온 서사들을 공유하며 돈독하게 사랑하는 관계로 이어졌다. 그래서 카린은 패치의 말을 믿고 받아들이기로 한다.

이렇게 패치의 열정과 변화를 사랑하게 된 카린은, 래리의 음성 메시지를 듣고 래리를 찾아간 그날 밤 장총에 맞아 숨지게 된다. 이에 크게 상심한 패치는 더 이상 건강연구소의 운영을 이어 가길 거부한다. 동료 트루먼에게 인간은 악한데 선하다고 믿은 자신의 지난 모습이 후회된다고 말한다. 자기 생각은 전적으로 틀렸으며, 자신이 시도한 실험으로 자신이 사랑하는 사람을 죽였다고 말한다.

자신 때문에 카린이 죽었다는 죄책감에서 벗어날 수 없다고 이야기하며 패치는 연구소 운영 뿐만 아니라 의과대학 자체를 떠나려고 한다. 하지만 패치를 막아선 건 기숙사 룸에이트 미치인데, 그는 212호 케네디 여사가 식사를 하지 않는다고 이야기한다. 자신의 의학 지식을 다 동원한다고 해도 그녀의 병명을 아무리 정확히 알고 있어도 자신은 케네디 여사가 식사하게 만들지 못한다며 패치가 추구하는 의술의 방식이 옳았다고 고백한다. 그런 미치의 간절한 부탁에도 패치는 병원을 떠나 버린다.

카린의 죽음에 자책하며 패치는 자신도 죽으려 절벽 위에 오른다. 떨어져 죽으려고 하기 전 패치는 신에게 과연 무엇이 정답인지를 묻는다. 이때 갑자기 나비 한 마리가 날아와 패치의 가방, 옷, 손가락에 앉는데, 패치는 문득 과거 카린이 자신은 나비가 되고 싶다고 한 말을 떠올린다. 패치는 이때 카린이 원하는 것은 죽음이 아니라 자신의 실천을 끝까지 이어 가는 것이라고 확신하며 다시 병원으로 간다.

결국 패치는 병원으로 돌아와 식사를 거부하던 애기(Aggie, 케네디 부인)의 문제를 해결하기로 한다. 그는 그녀가 말한 판타지를 실현시킬 거대한 국수 수영장(Pasta Pool)을 만들어 다시 애기가 식사할 수 있게 만든다. 즐거운 일도 잠시, 애기를 도운 후 곧장 드러나는 장면은 월콧 학장실이다. 월콧은 패치를 불렀는데, 그 이유는 패치에게 퇴학 처분을 통보하기 위해서이다. 그는 패치가 병원에 맞지 않으며, 의사와 환자를 불편하게 만든다며 퇴학 처분의 이유를 밝힌다. 이 통보에는 앤더슨 학과장도 서명했다. 패치는 퇴학 처분의 주된 이유가 '과도한 행복(Excessive Happiness)'임을 알게 되자 어처구니없는 조치에 이의신청을 하게 된다.

조정 위원회(주립의학위원회)에서 패치는 의사 면허 없이 의술을 시행하고, 진료 시설까지 운영한 것으로 심문을 받게 된다. 심문관들은 패치에게 "환자들을 치료했는가?" 하고 묻는다. 이에 대해 패치는 다음과 같이 대답한다.

여기 이 집에 오는 모든 사람은 환자이지만, 그래요 이들 모두는 동시에 의사이기도 하죠.

패치는 환자도 의사도 서로서로 만들어 가는 존재라고 말한다. 목장에 오는 사람들은 모두 도움이 필요하지만 동시에 서로를 돕는다는 점에서 환자이면서 동시에 의사라고 이야기한다. "다른 이를 돕는 자가 의사가 아니지 않냐?" 하는 심문관의 물음에 패치는 '의사'라는 말은 경이로운 단어가 아니지 않냐고 반문한다. 자신이 환자를 치료했다는 것은, 그들의 말을 들어주고, 고민을 나누며, 열이 있는 자에게 물수건을 머리 위에 올려 주는 일이었는데, 과연 그런 게 치료라면 "그렇다."라고 답한다. 아담스는 모든 사람은 서로가 서로에게 영향을 준다고 말한다. 이때 한 심문관은 "그렇다면 그 행동의 결과에 대해 생각한 적이 없냐?" 하고 묻는다. 즉 "치료 중 환자가 죽는다면?" 하고 묻자 패치는 다음과 같이 이야기한다.

의사의 사명은 단지 죽음을 막는 게 아닙니다. 의사의 사명은 삶의 질을 향상시키는 것이죠.

의사의 사명은 죽음을 막는 게 아니라 삶의 질을 향상하는 것, 병원에 고통스럽게 누워 있는 환자의 죽음을 지연시키는 게 아니라 살아 있는 동안의 행복을 증진시키는 것이라고 패치는 역설한다. 의사에게 필요한 것은 좋은 성적이 아니라 인간성(humanity)을 복원하는 것이며, 의사는 환자를 포함하여 간호사, 교직원 모두와 함께 공감과 연민을 나눠야 한다고 주장한다. 이에 패치는 자신은 진심으로 의사가 되길 희망한다고 밝힌다.

자신은 다른 사람을 섬기면서 모든 것을 잃었지만, 또한 모든 것을 얻었다고 말한다. 함께 웃고 우는 동안 자신이 원하는 삶을 알게 되었으며 비록 퇴학당해 의사 자격이 없는 자, 의사 가운을 못 입는 자가 되어도 자신이 가지고 있는 신념은 절대로 바뀌지 않을 것이라고 강조한다. 패치는 자신이 다른 사람들에게 눈엣가시로 보여도 자신은 계속 배우고 익히는 것을 멈추지 않을 것이며 그런 가시로서 자신은 절대로 사라지지 않을 가시라고 말한다. 위원회는 패치의 처분을 두고 휴정에 들어가겠다고 한다. 휴정에 들어가기 전 소아병동 어린이 환자들과 부모로 보이는 사람들이 위원회가 열리는 장소로 찾아와 모두 관장 진공관을 코에 꽂으며 패치를 지지하는 상황을 연출한다.

결국 조정 위원회는 패치가 주변인들의 삶의 질을 향상시켜 주기 위해 행한 행동에 잘못이 없다고 판단한다. 오히려 위원회는 환자를 향한 진심 어린 패치의 사랑에 찬사와 경의를 보내며 패치를 퇴학시킬 이유를 발견할 수 없다고 선고한다. 이에 더해 오히려 패치가 보인 행동들이 의료계에 더 많이 퍼지길 희망한다고 밝힌다. 끝으로 학장 월콧에겐 과도한 행복이라고 진단한 문제를 학장 자신이 맡아 실천해 보기를 권장한다. 위원회는 많은 방청객의 환호 속에서 패치의 퇴학 처분 무효로 끝을 맺는다.

끝으로 영화는 졸업 장면을 보여주는데, 여기서 헌터 아담스는 헌터 '패치' 아담스로 공식적으로 불리며 학위증을 받는다. 여기서 학장 월콧은 학위증을 건네며 드디어 네가 제도에 "순응하기로 했구나."라고 말하지만, 학위증을 건네받은 아담스는 엉덩이를 까발려 보이는 웃긴 행동으로 전혀 그렇지 않음을 내보인다. 참고로 권위에 저항하는 패치의 모습은 성 추문을 일으킨 빌 클린턴에 저항하던 백남준을 연상케 한다. 이후 영화는 웨스트 버지니아에 게준트하이트 병원을 지어 패치는 현재까지도 치료하고 있다는 자막으로 후일담을 내보인다.

이상적인 치료가 무엇일까?

유튜브에서 '패치'*를 찾아보면 그가 한 방송사에서 다음과 같은 이야기를 강조한다. 그에 따르면 사랑이란 최고의 의학이자 사람들에게 줄 수 있는 혁명과도 같은 것이다. 그래서 자신은 언제나 자신의 삶의 모든 순간을 사랑과 행복으로 채우기를 원한다. 그는 의사들은 어떻게 보면 예의 없고, 지식으로 인한 오만한 태도를 쉽게 내보이는 자들이기도 하다고 이야기한다. 패치는 자기가 만난 의사들 대부분이 그랬다고 전한다. 그런 의사들은 간호사에게 소리치고 환자를 무뚝뚝하게 권위적으로 대하고, 형식적 절차에 치여 영혼 없이 환자를 대한다고 했다. 대부분의 병원에서 찾을 수 있는 의사의 모습이다. 그래서 패치는 의사는 달라져야 한다고 생각한다. 왜냐하면 이것은 진정한 치료의 모습도, 진정한 의사의 모습도 아니기 때문이다. 의사든 환자든 서로가 서로를 도움으로써 서로의 삶의 질을 풍요롭게 만들 수 있다고 패치는 믿는다. 우리는 패치가 추구하는 의사의 모습과 실

---

* https://www.youtube.com/watch?v=CdCrPBqQALc [2024.12.24.검색 기준]

천이 낭만적 이상이 아님을 알 수 있다. 과연 의사란 무엇인가? 패치의 이상과 실천은 우리에게 의료에 대해 많은 것을 생각하게 한다.

더 생각해 볼 문제

① 환자와 인간적으로 소통하는 것은 가능한가? 패치 아담스는 환자들을 단순한 진단과 치료의 대상으로 보지 않고 한 사람으로 존중하며 인간적인 관계를 맺으려고 노력한다. 의료인들이 환자와 인간적으로 소통하고 공감하는 것은 치료의 중요한 요소이지만, 이것이 현실적으로 어떻게 가능한지를 생각해 봐야 할 것이다.

② 치료 과정에서 환자의 행복과 삶의 질을 고려할 수 있는가? 영화는 치료의 목적이 단순히 병을 고치는 것에 그치지 않고, 환자의 삶의 질을 높이는 데 있다는 점을 강조한다. 하지만 단순히 유머와 웃음만을 주는 것이 아니라 다양한 환자의 삶의 질을 향상시키기 위해 어떤 방식으로 어떻게 고민해야 하는지를 더 살펴봐야 한다. 현재의 의료 시스템에 획일화된 방식 대신 개별적 접근을 수용할 여지가 있는지를 고민해야 할 것이다.

③ 환자의 자율성과 선택 존중이 현실적으로 가능한가? 패치 아담스는 환자에게 의학적 조언을 제공하는 데 그치지 않고, 환자 스스로가 자신의 치료 과정에서 결정권을 가지도록 도와준다. 이는 환자가 자신의 건강에 대해 주체적으로 선택하고 참여할 수 있는 권리를 존중하는 것의 중요성을 일깨운다. 의료인들은 환자에게 치료와 관련한 선택의 기회를 제공하고, 환자가 스스로 결정을 내릴 수 있도록 돕는 현실적인 접근법이 무엇인지를 고민해 볼 필요가 있다.

더 찾아볼 작품

사랑의 기적(Awakenings, 1990)

올리버 색스 박사의 실제 사례를 바탕으로 한 영화로, 파킨슨병 환자들을 각성시키기 위한 노력과 인간성과 치료의 의미를 다루고 있다. 의사와 환자의 관계에서 의사의 역할이 무엇인지를 생각해 볼 수 있는 작품이다.

굿 윌 헌팅(Good Will Hunting, 1997)

정신분석학자가 천재 청년을 치료하는 영화로 심리 치료와 정신 건강의 중요성을 다룬 작품이다. 이 영화 또한 치료자와 환자 사이의 관계를 감동적으로 드러냄으로써 의사와 환자의 관계가 어떠해야 하는지를 생각하게 한다.

의사와 환자 모두의 기적을 위한 이야기

— 영화 〈사랑의 기적〉이 그리는 의사와 환자의 연대

최 지 희

세이어 박사와 기면성 뇌염후증후군 환자의 만남

영화 〈사랑의 기적(Awakenings, 1990)〉은 미국의 신경의학자 올리버 색스가 1973년에 펴낸 회고록 『깨어남(Awakenings)』을 원작으로 한다. 영화는 맬컴 세이어 박사(로빈 윌리엄스 분)와 뇌염후증후군으로 인해 몸이 마비된 환자 레너드(로버트 드니로 분)를 중심으로 환자를 하나의 인격체로 존중하는 의료진과 고통과 시련 속에서도 삶의 아름다움을 포기하지 않는 인간의 의지가 만드는 기적을 보여준다.

1960년대 뉴욕 브롱크스의 베인브리지 병원에 새로 부임한 신경정신과 의사 맬컴 세이어는 만성 정신 질환 환자들을 담당하게 된다. 세이어에게 병원을 안내하는 간호사는 그곳을 '정원'이라고 소개한다. 투렛증후군, 비정형 정신분열증, 비정형 히스테리, 비정형 신경마비, 다발성경화증 등 다양한 증상을 가진 환자들이 가족과 간병인의 도움을 받아 물과 음식을 공급받으며 좀처럼 움직이지 않는 식물들처럼 하루하루를 보내고 있기 때문이다. 이들은 보이지 않는 끈에 묶인 듯 사지가 굳어 있으며 초점이 없는 멍한 눈으로 때로는 의미를 알 수 없는 반복적인 행동을 되풀이하기도 했다. 특히 일부 환자들은 1920년대부터 이 병원에 입원해 있으며 기존의 정신분열증 및 신경마비와 비슷하면서도 다른 증상을 보였지만 그것이 정확히 어떤 질환인지 파악하지 못했기 때문에 그저 '비정형—'이라는 진단을 받은 채 병원에서 오랜 시간을 보내야 했다.

베인브리지 병원의 의사들은 정신 질환 환자들에게 큰 관심을 보이지 않았다. 의사들이 보기에 환자들은 의식이 없었으며 스스로 생각을 할 수 없는 상태였고 이미 30년이 넘는 시간 동안 병원에 입원해 있었지만 어떤 치료 방법을 사용해도 그들에서는 아무런 변화가 나타나지 않았기 때문이다. 세이어 박사도 처음부터 환자들에게 관심을 가진 것은 아니었다. 그는 임상 의사로 활동한 시간보다 연구자로 보낸 시간이 더 많았고 사람들과 어울리는 데 서툴렀다. 그는 정원의 식물을 관찰하거나 음악을 감상하는 것이 주변 사람과 관계를 맺고 대화하는 것보다 행복한 사람이었다.

그러나 세이어는 환자들을 관찰하면서 이들이 굳어 있는 몸에 갇혀 있을 뿐 내면은 살아 있다고 확신하게 되었다. 환자들은 자신의 이름과 좋아하는 음악에 반응했고 병원 밖의 풍경과 가족과 친구를 여전히 그리워하고 있었다. 혼자서는 걸을 수 없었지만 옆에서 부축해 준다면 원하는 곳으로 가고자 하는 의지도 있었고, 떨어지는 공을 반사적으로 받는 신체 능력도 있었다. 위저 보드(Ouija Board)를 이용해 단어로 의사를 전달하기도 했다. 세이어는 동료들이 알아차리지 못한 환자들의 의외의 모습에 관심을 가지면서 이들을 치료할 수 있는 실마리를 찾게 되었다. 그 결과 이들이 공통적으로 1920년대에 '기면성 뇌염'을 앓은 병력이 있고 이후 온몸이 굳는 '극도의 긴장증'과 의식불명 증상이 오랫동안 지속되어 베인브리지 병원에 수용된 사실을 확인하게 되었다.

엘도파의 기적과 좌절

세이어는 환자들의 증상이 일반적인 정신분열이나 신경마비가 아닌 일종의 '뇌염후증후군'으로서 떨림, 근육 마비 같은 강박장애 증상이 가속화된 결과라는 가설을 세웠다. 이 증상들은 파킨슨병으로 인한 것은 아니지만 파킨슨병 증상과 흡사했다. 그리고 당시 도파민 유도체 엘도파(L-DOPA)가 파킨슨병 치료에 사용되었다는 사실에 주목하였다. '어쩌면 파킨슨병 증상을 완화시킨 엘도파가 나의 환자들을 도울 수도 있지 않을까?' 그는 동료 의사와 병원의 반대에도 무릅쓰고 엘도파를 환자들의 임상 치료에 적용해 보기로 한다. 아직 엘도파를 모든 환자들에게 시험해 보기는 어려웠고 엘도파가 매우 비쌌기 때문에 단 한 명에게만 엘도파를 투여할 수 있었다.

이 영화의 또 다른 주인공 레너드(로버트 드니로 분)는 다른 환자들처럼 어린 나이에 기면성 뇌염후 증상이 나타나 오랜 시간 병원에서 살아야 했던 인물이다. 먹고 씻고 움직이는 모든 일을 어머니에게 몸을 의지해야 할 정도로 몸이 굳어 버렸지만 세이어 박사는 레너드가 마음속에 여전히 삶의 의지가 충만하고, 라이너 마리아 릴케의 시를 빌려 자신을 우리에 갇힌 '표범'에 비유할 정도로 지적인 사람이라는 점을 알게 되었다. 세이어는 비상

세이어 박사는 위저보드를 통해

환자 레너드와 소통하고

그의 내면이 여전히

살아있다는 것을 확인한다.

레너드는 자신의 몸 상태를

라이너 마리아 릴케의 시에 등장하는

고독하고 무기력한 철장 속 표범으로 묘사하였다.

한 천재 레너드에게 엘도파를 시도하였고 곧 레너드가 30년 만에 '깨어나'는 기적을 경험하였다. 레너드는 스스로 걸어 다니고 대화를 할 수 있게 되었으며, 갇혀 있던 육체 안에서 느꼈던 생각과 새롭게 경험하는 인생이라는 기쁨과 환희를 여러 사람들에게 알리고 싶어 했다. 그리고 '폴라'라는 여성을 만나면서 그동안 전적으로 의지해 온 어머니로부터 벗어나 한 남자로서 사랑을 느끼게 되었다.

레너드의 성공적인 사례는 병원 관계자와 후원자들에게 엘도파의 복용이 엄청난 효과가 있음을 보여주었고, 곧 레너드를 시작으로 비슷한 증상을 가진 환자들이 모두 엘도파의 기적을 보여주었다. 그동안 잃어버린 시간을 보상받듯 환자들은 육체적으로 정신적으로 놀라운 회복 능력을 보여주었다. 1926년부터 증상이 발현되어 병원에서 할머니가 되어 버린 루시는 다시 20대 아가씨처럼 행동하게 되었고, 춤을 좋아했던 로즈는 젊은 시절의 음악에 맞춰 다시 춤을 추었다. 환자들은 가족과 친구들을 만나고 병원 밖 세상을 다시 만끽하고 일상의 행복을 느끼며 잃어버린 삶을 되찾는 것처럼 보였다. 세이어 박사를 의심했던 병원의 의료진과 간호사, 치료사들은 환자들의 기적을 함께 경험하며 그들과 대화하고 소통하게 되었고, 점차 이들을 질병에 걸린 환자가 아닌 다양한 삶을 살았던 한 인간으로 대하는 법을 배우게 되었다.

그러나 엘도파의 투여가 지속될수록 환자들에게 여러 가지 문제가 나타나기 시작했다. '깨어남'의 환희는 오래가지 않았다. 한 달이 지나지 않아 레너드에게는 불안 장애, 과도한 흥분, 폭력성, 몸의 반복적인 떨림 증상,

몸의 마비 등 여러 가지 '부작용'이 나타나며 심각한 고통이 뒤따랐다. 그는 자아가 깨어나며 병원 밖 세상을 경험하고 싶은 욕망이 커졌지만, 병원의 의료진이 보기에 그는 여전히 치료가 필요한 환자였고 혼자 밖을 다니게 할 수는 없었다. 병원 밖 세상으로 돌아갈 수 있다는 희망이 좌절되면서 그의 부작용은 더 심각해졌다. 이러한 증상은 엘도파를 투여한 다른 환자에게도 동일하게 나타났다. 엘도파는 기적적으로 환자들을 깨웠지만 세이어의 환자들이 첫 사례이다 보니 얼마나 되는 양을 투여해야 깨어난 상태가 지속되고 부작용이 나타나지 않는지, 얼마나 자주 복용해야 하는지를 가늠할 수 없다는 것이 문제였다. 세이어 박사는 엘도파의 용량을 줄이거나 늘리고, 투약 횟수에 변화를 주며 다시 환자들이 깨어나기를 바랐지만 상황은 점차 악화되었다.

세이어 박사와 환자들은 답을 알 수 없는 막막함과 고통 속에서도 자신들의 기적과 흥분, 변화, 좌절의 모든 과정을 빠짐없이 영상으로 남기고 기록했다. 점점 증상이 악화되는 상황에서도 레너드는 세이어 박사에게 엘도파 투약을 중지하지 말고 자신에게 나타나는 모든 변화를 빠짐없이 기록과 영상으로 남기도록 부탁했다. 1969년의 기적은 표면적으로는 엘도파라는 약물의 효과 덕분이었지만, 환자를 포기하지 않고 최선의 치료를 위해 노력한 헌신적인 의료진과 자신의 삶을 되찾고자 한 환자들의 의지 때문이라는 점을 잘 보여주었다. 그리고 우리가 누리는 일상의 삶이 얼마나 눈부시고 아름다운지를 깨닫게 했다.

영화와 레너드 L.의 이야기

　영화의 주요 줄거리인 '환자들이 1969년 엘도파라는 약을 통해 깨어나는 기적을 경험했다'는 이야기는 실화이지만 실제 이야기와 다른 부분도 있다. 영화의 원작이라고 할 수 있는 올리버 색스의 회고록 『깨어남』에서는 환자와 병원의 이름 등이 가명으로 표기되었고, 영화에서도 각색을 통해 몇 가지 허구적 요소와 설정이 추가되기도 했다. 우선 영화의 배경이 되는 실제 장소는 뉴욕의 베스에이브러햄 병원(Beth Abraham Hospital)이다. 그리고 올리버 색스는 1966년부터 이 병원에서 '뇌염후증후군' 환자를 담당하게 되었다. 1973년의 회고록 『깨어남』에서는 환자들의 실제 정보가 노출되는 것을 막기 위해 병원 이름이 '마운트카멜 병원'으로 표기되었고, 영화에서는 '베인브리지 병원'으로 나온다. 레너드에게 이성의 감정을 이끌어 낸 '폴라'라는 인물처럼 영화의 재미나 극적인 장면을 위해 추가된 인물이나 설정도 있고, 영화에서 미처 다루지 못한 환자들과 뒷이야기들도 있다. 영화에서는 레너드(레너드 L.)를 중심으로 이야기가 전개되는데, 실제로 올리버 색스가 담당한 뇌염후증후군 환자들은 레너드 외에도 약 80명 정도였고 그에게 다양한 증후군의 사례를 제공하였다. 『깨어남』에서는 환자들의 개인사와 병력, 엘도파를 처방한 이후의 변화, 환자에 대한 관심과 교감 등이 자세히 묘사되어 있다. 이렇듯 〈사랑의 기적〉은 실제 이야기, 그리고 『깨어남』과 같은 올리버 색스의 회고록 일부를 담고 있을 뿐이다. 그럼에도 불구하고 영화는 올리버 색스가 저서, 자서전을 통해 전달하고자 한 중요한 '화두'와 문제의식 그리고 우리가 의료인문학의 관점에서 논의할 만한 내용을 담고 있다.

우선 이 영화의 중요한 소재가 되는 '기면성 뇌염', '뇌염후증후군', '파킨슨병'에 대한 설명이 필요할 것 같다. 영화에서 등장하는 기면성 뇌염 또는 뇌염후증후군은 무엇이고 파킨슨병과는 어떤 관계가 있는가? 올리버 색스는 파킨슨병 치료에 사용되던 엘도파를 왜 뇌염후증후군 환자들에게 사용하게 되었는가?

제1차 세계대전 이후 전 세계적으로 '수면병'이라는 질병이 유행하였다. 이 질병은 1890년대에 처음 의사들에게 알려졌는데 당시에는 '인플루엔자 감염 후 발생한 히스테리증'으로 인식했고 환자가 혼수상태에 빠져 잠을 자는 것처럼 보였기 때문에 '수면병(sleeping-sickness)'이라고 부르게 되었다. 1917년, 오스트리아의 신경의학자 콘스탄틴 폰 에코노모(Constantin von Economo)는 '수면병'이 원인 불명의 바이러스에 의한 뇌 손상 때문에 일어난다는 것을 증명하며 '기면성 뇌염(Encephalitis lethargica)'으로 명명하였다. 그 후 이 병은 10년 동안 전 세계에 유행하며 약 500만 명을 사망하게 했고 기이하게도 1927년 무렵 갑자기 사라졌다. 이 병에서 살아남은 사람들은 심각한 후유증에 시달렸다. 이 후유증은 매우 다양한 발현 양상과 증상을 동반했는데, 유행성 섬망·유행성 정신분열증·유행성 파킨슨증·유행성 다발성경화증·비정형 광견병 등으로 진단되었고, 이러한 증상을 '뇌염후증후군─뇌염으로 인해 발생할 수 있는 신체적·정신적 증상─'으로 부르게 되었다.

그런데 뇌염후증후군 중 약 50% 이상이 파킨슨병과 흡사한 증상을 보였기 때문에 '뇌염후성 파킨슨증'이라고 부르기도 한다. 폰 에코노모 박사가 뇌염후증후군 환자를 조사하면서 약 500종류의 다양한 증상을 기록했는데, 그중 가장 흔하게 나타나는 것이 보행 장애·경직·떨림·수면 장애·기억력 장애·우울 등의 파킨슨 증상이었기 때문이다. 파킨슨병은 중뇌의 흑질(substansia nigra)이 손상되어 발병하는 경우 '특발성 파킨슨병(diopathic Parkinson's disease)'이라고 하며, 다른 질병이나 원인에 의해 이차적으로 발생하는 경우를 '이차성 파킨슨증후군'이라고 한다. 따라서 '뇌염후성 파킨슨증'도 '이차성 파킨슨증후군'에 속한다. 이러한 '뇌염후성 파킨슨증'은 파킨슨병과 비슷한 임상 양상을 보이지만 일반적인 파킨슨병에 비해 더 복잡하고 파악하기 힘든 것으로 알려져 있다. 뇌염후성 파킨슨증은 파킨슨병의 특징을 가지면서도 움직임이 거의 없고 심지어 사고를 할 수 없는 극심한 '운동 마비'의 상태, 또는 잠시도 가만히 있지 못하고 극심한 불안을 보이는 '정좌불능증', 순응적으로 고정된 자세를 유지하거나 제시된 낱말을 되풀이하는 '강한 긴장증' 또는 제안받은 모든 행동·언어·사고를 저지하거나 무효화하는 '억제적 긴장증' 등 중증 상태를 보이고 정서적으로도 여러 형태의 강박 증상을 동시에 보인다. 즉 '뇌염후성 파킨슨증' 환자들은 파킨슨증후군에 속하지만 파킨슨병으로 간주하고 똑같이 다루기에는 어려운 경우였다.

　　1950년대 말, 파킨슨병 환자의 뇌에 도파민 수치를 높이면 뇌의 상태가 정상이 될 수도 있음이 입증되었고, 실제로 도파민의 전구체(前驅體)인 엘도파(L-DOPA)를 투여하여 효과를 본 사례가 나타났다. 올리버 색스 박사는 고민 끝에 환자들에게 엘도파 투약을 시도하기로 한다. 그리고 1969년 3월 이후 엘도파의 즉각적인 효과를 얻게 되었다. 영화에서 묘사한 대로 엘도파를 복용한 환자들은 수십 년의 세월 동안 멈추고 굳어 있던 정신과 육체에서 폭발적으로 '깨어났고' 짧은 환희의 순간을 경험했다. 우리는 영화의 주인공 레너드를 통해 환자들이 엘도파 투약 이후 며칠간 부활의 기쁨과 일상의 행복을 누리다가 곧 부작용 때문에 처절한 절망을 느끼며 다시 어둠의 상태로 돌아간 것을 보았다. 올리버 색스의 『깨달음』에서는 엘도파를 통해 기적적으로 발병 이전의 신체 기능을 회복하는 환자도 있었으나 레너드처럼 극심한 고통을 겪다가 엘도파 투약을 중지하고 다시 이전의 상태로 돌아가는 환자들의 사례도 있었다.

영화 속 레너드는 『깨달음』 속 실제 인물 레너드 L.을 모델로 삼았다. 영화에서처럼 레너드 L.은 말을 하지 못하고 몸을 마음대로 움직이지 못했다. 그 대신 눈과 오른손만 조금씩 움직일 수 있어서 철자판(영화에서는 위지 보드)을 통해 의사소통을 할 수 있었다. 그는 독서광이었고 자신의 몸 상태를 "감금, 박탈, 릴케의 '표범' 같다."라고 대답할 정도의 지적 능력을 갖춘 사람이기도 했다. 실제로 증상이 중증으로 발현되기 전까지 그는 하버드 대학에 입학하여 박사학위 논문을 앞두고 있기도 했지만 서른 살 이후 15년 동안 병원에 갇힌 채 지냈다. 그는 올리버 색스와 대화를 나누며 의사의 일방적인 관찰로는 알 수 없는 자신의 몸 상태와 느낌, 내면의 감정을 묘사하고 전달하였다. 1969년 3월 그에게 엘도파를 투약하자 언어 기능이

돌아오고 스스로 걸을 수 있게 되었고 타자를 칠 수 있게 되었다. 영화에서
처럼 레너드 L.은 뉴욕의 밤거리를 즐기기도 하고 약 한 달간 지속된 엘도
파의 축복을 찬양했다. 그러나 곧 통제되지 않는 감정과 신체 변화가 그를
괴롭혔다. 과장된 조증, 엄청난 식욕, 통제할 수 없는 성욕, 가속 보행, 동어
반복증, 틱경련, 환각, 환청이 나타났고 다시 정반대의 마비 증상이 발생하
기도 했다. 올리버 색스 박사는 이러한 증상을 조절하기 위해 적절한 엘도
파의 양, 투약 빈도를 찾기 위해 노력했으나 어떤 노력도 성공하지 못했다.
레너드 L.은 결국 완전히 무너져 각종 병리적 과도 상태에 빠졌고 엘도파
를 저주하게 되었다. 영화에서는 투약의 기간과 과정이 축소되었지만 실
제로는 1969년 3월부터 7월까지, 1969년 9월부터 10주간, 1972년 3월, 1974
년부터 1980년 사망하기 전 해까지 이루어졌고 엘도파보다 자극이 약한 애
먼타딘 등의 약물도 병행되었다.

엘도파 부작용에 대한 입장과 의료 현실에 대한 비판

과연 환자들에게 엘도파는 어떤 의미였을까? 엘도파를 경험한 환자들은
한 달 정도 지속된 깨어남의 기쁨이 더 컸을까, 이후에 느꼈을 절망이 더
컸을까? 레너드 L.은 엘도파 치료를 중단하기 전 다음과 같은 말을 남겼다.
"저는 엘도파를 세상에서 가장 훌륭한 발명품으로 생각했고 생명의 묘약
을 처방해 준 선생님께 감사했습니다. … (그러나 상황이 다시 나빠진 뒤) 세상
에서 가장 흉악한 물건이며 사람을 지옥의 나락으로 떨어뜨린 치명적인 독

약이라고 생각했어요. 그걸 내게 준 선생님을 저주했습니다. … 지금은 이 모든 상황을 받아들였습니다. … 평생을 갇혀 지내던 장벽을 뚫고 나온 겁니다. 이제는 제 자신으로 살아갈 겁니다. 엘도파는 그냥 두서도 됩니다." (올리버 색스, 2021, 344쪽).

올리버 색스 역시 논문과 회고록 『깨달음』을 통해 엘도파 투약 이후에 발생한 부작용들을 공개했으며 영화에서도 레너드 L. 박사와 환자들이 느꼈을 당황스러움과 절망이 잘 표현되었다. 그래서 일각에서는 올리버 색스를 엘도파주의자 혹은 엘도파 반대주의자로 매도하기도 했다. 영화에서 깨어남의 기적이 극적으로 표현되었기 때문에 이 영화의 주제를 자칫 '사랑의 기적'이 아니라 '엘도파의 기적'이라고 생각할 수도 있고, 결국 세이어 박사와 환자들의 노력이 실패로 돌아간 것인가 하는 의문을 가질 수도 있을 것이다.

올리버 색스는 엘도파 투약 후에 일어나는 모든 부정적 변화를 뭉뚱그려 부작용으로 단순하게 파악하는 것을 반대했을 뿐이다. 그는 엘도파의 부작용이 환자를 괴롭힌 것은 맞지만 의사이자 관찰자로서 볼 때 부작용 역시 치료의 일부분이고 환자의 병과 특성을 알 수 있는 자료라고 여겼다. 올리버 색스는 '뇌염후증후군'의 흥미로운 부분으로 증상에 환자의 개성이 투영되어 나타난다는 점을 꼽았다. 예를 들어 기면성 뇌염을 앓은 이후 나타나는 정서적 강박인 음란증·과민증·성적 흥분·짜증·격노 등의 감정은 그대로 발현되는 것이 아니라 환자의 성격·성향·지적 능력에 따라 틱이나 발작 등의 신경증 또는 정신병적 행동으로 변환되어 표출된다는 것이다.

이러한 증상은 환자마다 제각각 달랐고 특히 환자의 과거 경험과 성격 등의 영향을 받았다. 엘도파의 영향도 더욱 즉각적이고 극적으로 나타나는 경향이 있었다. 뇌염후증후군의 진단이 환자 개개인의 인생·상태·환경을 포함하여 총체적으로 파악되어야 하고, 엘도파의 '부작용' 또한 간과되지 않고 세심하게 관찰되어야 함을 의미했다.

올리버 색스가 보기에 뇌염후증후군 환자들을 괴롭히는 근본적인 문제는 엘도파 이후에 찾아오는 '부작용'이 아니었다. 더 큰 문제는 환자의 질병을 환자와 분리하여 일종의 '오류'나 '고장'으로 인식하는 현대 의학의 기계론적 인간관이었다. 환자에 대한 관심과 전체적인 이해 없이 증상의 의학적 정의, 발현 빈도, 수치로 상태를 판단하고 엘도파를 투여한 뒤 나타나는 이상 반응을 실패나 부작용으로 단정한다면 뇌염후증후군 환자가 보이는 각자의 섬세하고 예민한 반응이나 개성은 발견할 수 없게 된다. 올리버 색스의 이러한 접근 방식은 인본주의적인 태도일 뿐만 아니라 신경 질환의 특성을 이해하기 위해 개별 환자의 삶으로 들어가 전체를 파악하고 기술해야 한다는 원칙이기도 했다.

영화에서도 올리버 색스의 이러한 생각을 반영하는 것처럼 세이어 박사가 다루는 것이 질병 그 자체가 아니며 질병에 맞서 싸우고 적응하는 사람들이라는 것을 보여준다. 정신 질환 환자들에게 개인적인 관심을 보이지 않았던 기존의 의사들에 반해 세이어는 모든 환자들과 대화를 나누며 관계 맺기를 시도한다. 올리버 색스에게도 뇌염후증후군 환자들은 80건의 사례가 아니라 80명의 환자 개개인이었다. 그는 환자를 통계 수치, 의학 지식으로만 다루지 않고 각자의 히스토리와 내러티브를 가진 인간으로 인정하며 이해했고 그들의 '깨어남'과 '부작용'의 모든 과정을 관찰하고 기록하였다. 그의 시도는 1970년대 초 당시 의학계의 외면을 받았다. 당시 각광받고 있던 엘도파의 성공에 찬물을 끼얹는 발언이었으며 환자에 대한 관찰과 분석이 단순히 의학적 통계가 아닌 환자의 경험과 이야기에 기반해야 한다고 주장했기 때문이다. 그의 논문은 미국의 어떤 학술지에도 실리지 못했고 한동안 학계에서 외면당했다. 그러나 그의 노력으로 점차 뇌염후증후군 환자들의 존재와 엘도파의 효과와 부작용이 사회에 알려졌고, 1980년대 이후에는 뇌염후증후군 환자 연구의 중요 업적으로 인정받게 되었다.

두 번째 문제는 환자의 고립과 외로움이었다. 뇌염후증후군 환자들은 1920년대에 병원에 입원한 이후 오랜 시간 사회와 단절되었고 가족이나 친구들에게도 버림받은 경우가 많았다. 같은 증상을 보이는 환자라도 외부의 가족이나 친구 등의 인간관계가 단절되지 않고 유지되었을 때 엘도파 투약 이후의 경과가 달랐다. 올리버 색스는 연락이 끊긴 가족이나 친척을 수소문하고 환자와의 만남을 주선하였다. 또는 비슷한 증상을 보이는 환자들을 한 병동에 모아 자치적인 공동체를 형성하게 하고 서로에게 의지하게 하는 것도 많은 도움이 되었다. 그 결과 환자들이 주변의 인간적, 사회적 관계를 회복할수록 신경증과 강박증이 크게 완화되는 것을 볼 수 있었다. 이러한 관계의 문제는 병원에서 환자들을 다루는 의료진도 예외가 아니었다. 의사, 간호사, 조무사, 물리치료사, 언어치료사 등과 오랫동안 맺은 수평적이고 친근한 분위기는 환자가 세상과 연결되었다는 안정감을 느끼는 데 많은 도움이 되었다.

세 번째 문제는 환자가 수용된 병원과 병원 시스템의 문제였다. 환자에게 병원은 단순히 질병을 치료하기 위한 공간이 아니라 다시 사회로 복귀하기 위한 장소여야 한다. 그러나 대부분의 병원은 환자 친화적인 환경을 갖추고 있지 않으며 효율성과 규칙, 수직적인 명령과 지시를 우선하는 곳이다. 이런 공간에서는 의사와 직원, 직원과 환자, 환자와 환자의 인간적인 거리가 멀어진다. 더구나 폐쇄적인 정신과 병동은 환자의 행동에 더 많은 제약을 가했다. 환자들은 사회에서 격리되어 바깥으로 나갈 수 없는 수감 생활을 한다고 느꼈고 의료진, 직원들과의 관계는 경직되어 있었다. 올리버 색스는 정신병원에서 환자를 다루는 폭력적인 방식도 비판했다. 문제를 일으키는 환자가 있으면 병원은 '치료를 위한 행동 수정'의 명목으로 격리실에 가두거나 굶기거나 묶는 처벌을 하지만 이러한 '행동 수정'은 환자의 치료에 전혀 도움이 되지 못하고 환자를 극단으로 내몬다는 것이다. 영화에서는 상당히 순화된 장면으로 묘사되는데, 실제로는 레너드 L.이 엘도파를 처방받은 이후 넘치는 흥분과 성욕을 주체하지 못해 자위행위를 하고 간호사들을 추행하자 병원은 그의 이상성욕과 폭력성을 비난하고 협박했으며 '치료를 위한 행동 수정'을 위해 비좁은 처벌방으로 보냈다. 레너드 L.은 병원 공동체의 구성원이라는 소속감과 지위를 박탈당한 채 물리적, 정신적인 구석으로 몰렸고 더 깊은 우울증과 정신병에 빠지게 되었다.(올리버 색스, 2021, 340-341쪽)

올리버 색스는 『깨어남(Awakenings)』과 자서전 『온 더 무브(On The

Move)』에서 이러한 병원 환경이 뇌염후증후군 환자에게 얼마나 많은 영향을 미치는지를 경험하였다고 밝혔다. 이야기의 실제 배경인 베스에이브러햄 병원은 1960년대 이후 수용 환자가 늘어나고 의사가 머무는 기간이 짧아지면서 운영 방식이 형무소처럼 변했고, 엄격한 강압적 성질이 파킨슨증과 신경증이 본래 지니는 '강압성'을 자극하여 환자들의 증상을 악화시켰다. 반면, 비슷한 뇌염후증후군 환자들을 수용한 영국 런던의 하일랜즈 병원은 인근 마을과의 왕래가 자유롭고, 근처에 커다란 공원이 있으며 자유롭고 편안한 분위기에서 환자들을 보살폈다. 병원의 건물과 인테리어도 대조적이었다. 하일랜즈 병원은 타원형의 산책로를 마련하여 환자의 활동과 동선에 방해가 되지 않도록 세심하게 배려했지만, 베스에이브러햄 병원은 네모반듯하고 각지게 설계되어 환자들이 그러한 편안함을 느끼지 못했다. 올리버 색스는 친화적인 병원의 분위기, 의료진과의 유대감, 병원 밖 외부 세계와 연결된 느낌. 가족과 친구의 존재, 언제라도 산책할 수 있는 정원 공간, 위압적이지 않고 곡선적인 공간 설계 등이 환자의 치료와 예후에 중요한 영향을 미친다는 것을 몸소 경험하였다. 그는 이러한 병원의 환경을 뉴욕의 병원과 환자에게 일부라도 시도하려고 노력했다.

즉, 올리버 색스가 뇌염후증후군 환자들과 함께한 생활과 이들의 생활을 개선하기 위해 노력한 시간을 살펴보면, 그는 결코 환자의 치료가 엘도파에 달려 있다고 생각하지 않았다는 것을 알 수 있다. 결국 엘도파는 뇌염후증후군의 수많은 증상들을 완화시키기 위한 한 방법에 불과하며, 환자에게 필요한 것은 그들이 느끼는 고통과 불편을 조금이라도 줄이는 것이다.

영화 속 세이어 박사와 실제 인물 올리버 색스가 실천한 환자라는 인격체에 대한 관심과 이해, 다양한 치료의 노력은 의료의 궁극적인 목적이 무엇인지 다시 한번 돌아보게 한다. 의학이 아무리 발달해도 모든 질병을 없앨 수는 없으며, 인간의 몸도 기계가 아니기 때문에 완전무결할 수 없다. 영화 속 레너드와 실제 인물 레너드 L.도 결국 엘도파에 대한 기대와 불안을 넘어서 자신의 몸에 나타나는 변화를 인정하고 받아들이게 되었다.

영화 〈사랑의 기적〉에서 환자를 동등하고 존엄한 인간으로 대우하는 의사 맬컴 세이어의 휴머니즘, 레너드를 비롯한 뇌염후증후군 환자들의 삶에 대한 갈망과 사랑, 사람들 사이에 형성되는 신뢰와 믿음은 우리에게 큰 감동을 준다. 그리고 의학이 인간에 대한 깊은 이해와 철학적 성찰이 필요한 분야라는 점을 느끼게 한다. 그리고 '깨어남'의 기적은 환자들에게만 일어난 것이 아니었다. 환자를 그저 치료해야 하는 대상으로만 보았던 의료진들도 환자들과 대화하고 그들과 인간적인 교류를 경험하면서 기적과 절망을 함께 느꼈고 환자와 소통하는 방법을 터득하게 되었다. 영화의 마지막 장면에서 세이어 박사가 사람들과의 관계 맺음을 더 이상 거부하지 않고 받아들이게 된 것도 그러한 변화를 보여주는 상징이 아니었을까. 그런 점에서 이 영화는 인간 중심의 의학, 인간 존엄성의 회복이 환자와 의료진 모두에게 필요하다는 것을 이야기하고 있다.

질병 체험 서사의 시각적 재현

또한 이 영화는 질병 체험의 서사가 시각적으로 재현된 결과물로도 보인다. 이렇게 생각하는 이유는 이 영화가 기반하고 있는 올리버 색스의 문제의식과 글쓰기 방식이 서사의학과 깊은 관련을 맺고 있기 때문이고, 또 다른 이유는 환자들의 상태를 실제와 가깝게 재현하려는 영화적 특성 때문이다.

올리버 색스 박사가 본격적으로 서사의학(Narrative Medicine)을 주장하거나 전개한 인물은 아니지만, 컬럼비아 의과대학의 의사이자 서사의학 프로그램의 설립자인 리타 샤론(Rita Charon) 박사는 올리버 색스를 서사의학의 태동에 영감을 준 선구자로 꼽는다. 올리버 색스는 서사의학이라는 단어가 등장하기도 전에 의료에서 '이야기'가 환자를 이해하고 그의 삶을 재현하는 데 중요하다는 것을 깨달은 인물이기 때문이다. 그리고 환원주의적이고 파편화된 현대 의학의 관점을 비판해 온 올리버 색스의 생각은 서사의학이 탄생한 배경과도 일맥상통하다.(Rita Charon, 2015) 그가 저술한 『깨달음』, 『아내를 모자로 착각한 남자』, 『편두통』 등의 저서에는 감정이 배제된 일반적인 환자의 사례 보고서와는 달리 환자의 생각과 경험, 취향 등의 인간적인 이야기가 담겨 있다. 물론 그의 글은 감상에 치우친 일기나 문학작품이 아니다. 그의 글쓰기는 냉철한 의학자의 시선으로 분석하기 위한 방식이다. 그는 글을 통해 궁극적으로 환자를 온전한 한 인간으로 이해하면서 인간을 정상과 비정상으로 나누는 이분법적인 사고방식에서 벗어나려고 했다. 그래서 그의 회고록을 바탕으로 하는 영화 〈사랑의 기적〉에서도 단순히 뇌염후증후군 환자들의 증상이 얼마나 심각했고 엘도파의 효과가 얼마나 뛰어났는지, 세이어 박사가 얼마나 대단한 영웅적인 의사였는지에 초점을 맞추지 않았다. 병원에 입원한 환자들이 단순히 비정상의 정신질환자들이 아니라, 병에 걸리기 전 책과 음악, 친구와 가족을 사랑하는 평범한 사람들이었으며, 그들 각자의 인생이 얼마나 소중했는지에 초점을 맞추었다.

또한 영화에서는 환자를 묘사하는 데에 많은 시간과 노력을 들였다고 한다. 배우들은 올리버 색스가 환자들을 기록한 다큐멘터리 〈어웨이크닝 (Awakening)〉 및 기타 필름과 녹음 테이프를 참고한 것은 물론이고 환자들을 직접 관찰하고 함께 시간을 보내기 위해 런던의 하일랜즈 병원, 베스에 이브러햄 병원 등을 장기간 방문하였다. 그 결과 신경증을 앓는 환자의 신체적인 특징과 행동, 환자들이 병을 견디고 대처하는 태도, 깨어남의 순간과 이후의 상황 등을 생생하게 묘사하였다. 올리버 색스도 레너드를 연기한 로버트 드니로가 실제 뇌염후증후군 환자가 된 것 같은 착각이 들 정도로 환자들을 잘 재현했다고 놀라워하기도 했다. 물론 배우들의 연기는 환자를 모방한 '허구'에 불과하며 환자의 외적인 재현에 불과하다고 할 수 있다. 그러나 환자의 내면을 연구하고 철저히 그 인물과 일체가 되려고 노력하는 과정에서 배우들은 환자들에 대해 지식을 넘어선 '앎'을 체득하게 된다. 실제로 올리버 색스는 자신이 가르친 학생들보다 환자들을 연기한 배우들과의 대화에서 이들이 환자를 더 잘 이해하고 있다는 느낌을 받았다고

밝히기도 했다. 그런 이유에서 영화 〈사랑의 기적〉은 배우들이 터득한 '앎'
의 재현이고 또 다른 방식의 질병 체험 서사를 시각적으로 재현한 결과물
이며 의사와 환자가 연대한 서사의학(Narrative Medicine)의 기록이라고도
볼 수 있을 것이다.

더 생각해 볼 문제

① 영화에서 세이어 박사는 소위 사람들이 바라는 좋은 의사의 표본이
다. 그렇다면 세이어 박사처럼 행동하지 못한 의사들은 모두 '나쁜 의
사'일까? L-DOPA라는 검증되지 않은 새로운 치료법을 시도하려는
세이어 박사와 이를 보수적으로 평가하는 기존 학계의 입장을 단순
히 좋은 의사와 그렇지 못한 의사로 판단할 수 있을까?

② 사회가 요구하는 '좋은 의사'는 전문 지식과 경험을 바탕으로 환자에
게 가장 정확한 진단과 치료법을 제시하면서도 환자를 인격체로서
존중하며 인간적인 신뢰와 믿음을 쌓을 수 있는 의료진을 의미한다.
그러나 현재 한국의 의료 환경에서 '좋은 의사'는 의사 개인의 노력과
친절함만으로 가능할까? 의사와 환자의 관계는 어떻게 개선할 수 있
으며 무엇이 바뀌어야 할까?

③ 서사의학은 현대 의학의 인간소외 현상, 인간의 객체화를 극복할 수
있는 대안으로 환영받고 있다. 그러나 인문학적 시각과 방법론을 의
료에 활용하였으나 인문학이 도구로 전락하고 본래의 비판성을 잃어
버렸다는 비판이 있다. 서사의학이 도구에 머무르지 않고 비판적인
성찰을 유지하기 위해서는 어떤 식으로 접근해야 할까?

더 찾아볼 작품

① 실제 환자들의 이야기와 영화의 배경이 궁금하신 분에게는 올리버 색스의 자서전인 『온 더 무브』 실화를 기록한 회고록 『깨어남』 그리고 당시 환자들의 영상을 담은 다큐멘터리 <Awakenings>를 추천한다. 영화 <사랑의 기적>에서 생략된 자세한 뒷이야기와 다양한 사례, 올리버 색스의 철학에 대해 알 수 있다.

② 회고록 『깨어남』과 영화 <사랑의 기적>이 의사의 입장에서 환자의 질병을 관찰하고 치료하는 서사를 담고 있다면, 장 도미니크 보비의 회고록 『잠수종과 나비(The Diving Bell And The Butterfly)』와 동명의 영화는 실제 뇌졸중증후군 환자의 입장에서 자신의 질병 경험을 기록한 서사를 전달한다. 두 작품을 통해 의료인과 환자가 질병을 대하고 서술하는 입장을 비교해 볼 수 있을 것이다.

③ 다큐멘터리 <그 노래를 기억하세요?(Alive Inside?)>는 치매 환자들에게 좋아하던 음악을 들려주고 기억을 되찾게 하는 데 성공한 실험을 기록한 영화이다. <사랑의 기적>에서도 환자들은 자신이 좋아하던 음악에 반응하고 엘도파를 처방받은 후에는 음악을 통해 이십 대로 돌아간 듯한 시간을 만끽한다. 두 사례는 음악이 지니는 치료의 힘을 이야기한다는 점에서 공통점이 있으며, 나아가 환자를 인격체로 대하는 것이 구체적으로 어떻게 구현되며 무엇을 의미하는지를 잘 보여준다. <그 노래를 기억하세요?>에서도 올리버 색스 박사가 잠시 등장한다.

전문적 의료 서비스와 돌봄 노동을 포함하다

— 영화 〈3교대〉를 통해 본 간호사의 노동

정 세 권

2024년 「간호법」 통과와 간호사 노동

2024년 8월 28일 국회 본회의에서 소위 「간호법」이 통과되었다. 의료계의 오랜 쟁점이자 간호계의 오랜 숙원이던 「간호법」은 2025년 6월부터 시행될 예정인데, 법안 중 가장 주목받은 부분은 진료지원간호사(PA간호사(Physician Assistant Nurse), 전담간호사)의 의료 행위에 대한 것이다. 법안 제12조(간호사의 업무) 제2항에 따르면, "간호사는 「의료법」 제3조 제2항 제3호에 따른 병원급 의료기관(이하 '병원급 의료기관'이라 한다) 중 보건복지부령으로 정하는 기관에서 환자의 진료 및 치료 행위에 관한 의사의 전문적 판단이 있은 후에 의사의 일반적 지도와 위임에 근거하여 진료 지원 업무를 수행할 수 있다."고 규정하여, PA간호사의 의료 행위에 대한 법적 근거를 마련했다고 평가받았다. 이미 오랫동안 의료 현장에서 의사의 의료 행위에 준하는 처치와 시술을 담당하던 PA간호사에게 의료 행위를 할 수 있는 자격을 부여하되 그에 대한 관리, 감독을 강화할 수 있는 방침을 마련한 것이다.

의료기관에서 여러 의료 행위를 담당하는 간호사의 업무를 공식적으로 인정하고 이를 관리하는 법을 만들었다는 점에서 이번 「간호법」은 의료 현실을 반영한 것이라고 평가받았다. 하지만 다른 한편에서는 이 법이 간호사에게 새로운 위험을 가져오거나 의료 현장을 더 혼란스럽게 만들 수 있다는 비판도 있었다. 국회 본회의에서 반대표를 던진 개혁신당 이주영 의원은 페이스북에 올린 글에서 이번 법안이 '현장 간호사, 특히 신규 혹은 저년차 간호사일수록 위험과 착취에 노출시키는' 것이라고 비판했다. 이주영 의원은 '저수가로 근근이 운영되는 대학병원에서 기준 없는 전담간호사의 법제화는 일반 간호사들의 고용 안전성을 저해하고 한정된 예산으로 인해 처우 개선은 더욱 요원'해질 것이기에, **간호사들의 실무 그 자체로 들어가** 1인당 담당 환자 수의 제한이나 중환자실 필수 고용 비율 충원, 신규 간호사 교육에 대한 구체적 재원 조달 법제화와 야간 및 순환 업무자에 대한 실질적 지원' 등이 있어야 한다고 주장했다.(강조는 인용자) 이런 비판은 PA간호사 외에도 의료 현장의 간호사 노동에 대해 여전히 많은 고민이 필요하다는 것을 말해 준다.

이번 「간호법」에 그런 부분에 대한 방침이 아예 없는 것은 아니다. 추상적이기는 하지만 법안 제안 이유에서는 '숙련된 간호사 등을 장기적으로 확보하기 위해서는 열악한 근무 환경의 개선과 간호사 업무 범위 명확화 및 권리 보장 등 체계적이고 종합적인 간호 정책의 시행이 필요'하다고 언급했고, 실제로 제27조와 제29조에 간호사의 권리와 보호에 대해서 다음과 같이 규정하고 있다.

제25조(간호사 등의 권리) ① 간호사 등은 자신의 전문성과 경험, 양심에 따라 최적의 간호 서비스를 제공할 수 있고, 이를 보장하기 위하여 적정한 노동 시간의 확보, 일과 가정의 양립 지원 및 근무 환경과 처우의 개선 등을 요구할 권리를 가진다.

② 간호사 등은 「의료법」 제27조 제5항을 위반한 무면허 의료 행위 지시를 거부할 수 있으며, 보건의료기관의 장 및 무면허 의료 행위 지시를 한 자 또는 이와 관련된 자는 무면허 의료 행위 지시를 거부한 사람에 대하여 징계 등 불이익한 처우를 해서는 아니 된다.

제27조(간호사 등 인권침해 금지) ① 누구든지 간호사 등에게 업무상 적정 범위를 넘는 신체적·정신적 고통을 주거나 근무 환경을 악화시키는 행위(이하 '인권침해 행위'라 한다)를 하여서는 아니 된다.

그렇지만 이런 법 조항이 의료 현장에서 얼마나 효과를 발휘할지는 정확히 알 수 없는데, 그런 의미에서 간호사가 실제로 병원에서 근무하는 모습을 현실감 있게 그려 낸 단편영화 〈3교대〉(2019)는 여러 생각할 거리를 던져 준다. 병원을 배경으로 의사가 주인공인 영화나 드라마는 다수 있지만 간호사를 전면에 내세운 작품이 그리 많지 않은 만큼, 또한 10년 차 간호사 출신인 감독이 시나리오를 쓰고 공동 연출한 만큼, 〈3교대〉는 의사와는 다른 간호사의 일상을 가감 없이 보여준다. 그리고 영화 속에 그려진 간호사의 모습은 의사처럼 전문 의료인으로 인정받지 못하는 반면 돌봄 노동자보다는 훨씬 더 많은 부담과 책임을 강요받는 존재이다. 「간호법」이 왜 필요한지 혹은 어떤 방향으로 제정되어야 하는지 여전히 논란이 있지만, 〈3교대〉는 그런 논란 이전에 들여다봐야 할 간호사 노동의 민낯을 담담하게 보여준다.

늦은 시간, 종합병원의 간호사

〈3교대〉는 18분여 분량의 짧은 작품이지만, 심야 시간 종합병원에서 근무하는 간호사의 현실, 그리고 동료 간호사, 의사, 환자와의 관계를 현실감 있게 그려 냈다. 그리고 병원에서 근무하는 '여성' 간호사의 모습을 잘 다루었다고 평가받았기에, 영화가 나온 그해 '인천여성인권영화제'(2019. 7.), '여성인권영화제'(2019. 10.) 등에서 상영되었다.

영화는 간호사 경희(이지혜 분)가 근무 도중 다쳐서 입원하고 있는 장면에서 시작된다. 응급실과 응급의학과 전문의, 그리고 입원 환자가 다수 있으며 경희가 근무하는 곳이 6층 1병동(61병동)이고 ICU(집중치료실, intensive care unit) 등이 언급되는 것을 감안하면 (그리고 실제로 인제백병원의 협조를 얻어 일부 장면을 촬영했다는 사실에 비추어 볼 때), 영화 속 의료 현장은 병원급 의료기관이다.

야간 근무를 시작한 경희는 후배 간호사 수민(윤설 분)을 도와 환자를 돌본다. 아직 신입인 수민이 환자의 진료 차트를 정확하게 이해하거나 꼼꼼하게 작성하는 법을 도와주고, 입원 환자가 수민에게 요청한 수면제 처방을 대신 처리해 주기로 한다. 그러나 수민이 부탁받은 수면제 졸피뎀은 향정신성의약품이어서 의사의 처방이 필요했기에, 경희는 당직 의사인 응급의학과 전문의 정환(허정도 분)에게 약 처방을 의뢰한다. 정환은 급한 응급실 상황 때문에 정신이 없으니, 자신의 아이디와 비밀번호를 전달받아 대리 처방하라고 지시한다. 그러나 경희는 원칙대로 의사의 직접 처방을 받기 위해 기다린다. 그 와중에 수면제를 받지 못한 환자는 수민에게 격렬하게 불만을 토로하고, 처음에는 친절히 응대하던 수민은 환자의 막말에 감정이 격해진다. 경희는 흥분한 환자와 수민 가운데서 다툼을 말리다가, 환자에게 떠밀려 부상을 당한다.

경희의 부상과 입원으로 인해 병동의 간호사 근무 일정에 차질이 생기고, 수민은 이 사고에 대해 경위서를 제출한다. 대리 처방 지시를 받았다고 적힌 경위서에 대해 정환은 수민에게 화를 내고, 처음에는 수민을 감싸며 상사(간호부장)에게 억울함을 호소하던 수간호사 미선(민효경 분)은, 이내 수민에게 더 이상 분란이 지속되지 않도록 경위서를 수정하라고 압박한다. 수민은 간호사로서 환자를 더 배려하겠다면서 반성하는 문구("차후 이와 유사한 상황에서는 환자의 불편에 좀 더 능숙하게 대처할 수 있도록 노력하겠습니다.")로 경위서를 마무리하지만, 이를 읽은 경희는 그 문구를 다음과 같이 수정한다.

환자의 회복을 위해 헌신하는 간호사로서, 의료인의 권익 또한 견지해야 하는 간호사들의 고민도 고려해 주시길 정중히 요청드립니다.

왜 '3교대'인가?

대사가 있는 등장인물 7명(아역 배우 포함)과 대사가 없는 인물 7명(그나마 그중 2명은 1인 2역)이 전날 새벽부터 이튿날까지 짧은 시간 동안 겪는 이야 기를 다룬 18분 분량의 영화에서 현실의 복잡다단한 내용을 모두 담기는 어려웠을 것이다. 그렇지만 '3교대'라는 영화 제목은 간호사들의 힘든 노동 을 단적으로 대변해 준다.

간호사 시절 '태움'*을 직접 경험했고 대형 병원에서 초과 근무에 시달린 적도 있었다는 감독은, 영화를 통해 의료계 및 병원의 구조적 문제와 간호 사들의 연대를 보여주고 싶었다고 인터뷰한 바 있다. 2018년 2월 서울 송 파구의 한 대형 병원에서 고(故) 박선욱 간호사가 병원 내 '태움'을 견디지 못하고 목숨을 끊었고 이후에도 비슷한 사건이 이어지면서 간호사 규율 문 제가 주목받았다. 비상식적인 '태움' 관행에 대해 일부에서는 간호사 개개 인의 문제로 치부하기도 했지만, 3교대 근무로 대표되는 간호사들의 극악 한 노동환경과 의료 현장의 구조적 문제도 그 원인으로 지목되었다. 〈3교 대〉의 감독 역시 간호사 개개인보다는 의사-간호사-환자 혹은 간호사-간호 사가 관계 맺는 관행을 보여주고 싶었다고 말했다. 그런 의미에서 '3교대' 는 '태움'으로 설명할 수 없는 간호사의 노동환경을 상징적으로 대변하는

---

*   태움이란 '영혼이 재가 될 때까지 태운다'라는 뜻에서 나온 말로, 선배 간호사가 신입 간호사를 가르치는 과정에서 괴롭힘 등으로 길들이는 규율을 지칭한다.

제목이다.

얼핏 보면 경희가 다쳐 입원함으로써 '간호사들이 예정된 일정대로 쉬지도 못하고 근무하고 있다'는 경희 언니 혜선(김가영 분)의 언급* 외에는 '3교대'로 인한 간호사 노동의 고단함이나 열악한 업무 환경이 구체적으로 묘사되지는 않는다. 환자의 난동(?)이 있기 전까지 병동에서 근무하는 간호사의 일상은 조용하다. 엘리베이터를 타고 출근하여 간호복으로 갈아입고 차분하게 심야 근무를 준비하는 경희의 모습이나, 경희로부터 차트를 정확히 읽고 기록하는 법을 배우는 수민의 표정은 평온하기만 하다. 하루 세 번 교대하면서 업무를 인수인계하는 어수선함, 바쁘게 병실을 오가면서 환자 상태를 확인하고 처치하거나 의사의 지시를 처리하는 분주함, 심야의 교대 근무로 인해 피곤을 호소하거나 건강 악화를 염려하는 우울감, 정신없고 바쁜 자신의 직업에 대한 회의감 등은 발견되지 않는다. 보통 간호사들의 '3교대'라고 할 때 떠오르는 전형적인 모습들 혹은 '태움'이라고 생각될 만한 장면들이 영화 전반을 지배하지는 않는다는 것이다.

그렇지만 조용했던 병동이 순식간에 소란스러워지고 급기야 폭력 사태까지 발생하는, 경희와 수민이 언제라도 겪을 수도 있는 또 다른 일상은, 3교대가 진행되는 종합병원의 심야 시간**에만 일어날 수 있는 일들이다. 나

---

* 혜선은, 경희가 다쳐 입원하는 바람에 다른 간호사들이 교대 없이 근무하고 있으며, 수간호사 역시 그렇게 근무하면서 신입 간호사에게 신경질을 내고 있다고 병원 분위기를 전해 준다.
** 수민의 경위서에는, 경희가 환자에 떠밀려 다친 시각이 '저녁 11시경'이라고 적혀 있다.

3교대로 이루어지는 심야 근무시간에

환자를 돌보는 간호사의 역할은

훨씬 중요해진다.

그리고 그 순간 간호사가

의지할 수 있는 존재는

동료 간호사뿐이다.

전문 의료인이면서도 환자를 돌보는,

그리고 서로 믿으며 기댈 수밖에 없는

간호사의 노동 문화를

'태움'이라는 이름으로 재단할 수 없는 이유이다.

이 많은 입원 환자가 간호사에게 직접 수면제를 부탁하는 것은, 환자의 요구를 듣고 간호사에게 이를 전달해줄 보호자나 방문객이 없는 심야 시간대이기 때문이다. 환자에게 줄 수면제 처방을 하필 바쁜 응급의학과 전문의에게 요청하는 것은, 그 환자를 담당하는 당직 의사가 퇴근했기 때문일 것이다. 이는 곧 병동에서 다른 누구보다 간호사의 역할이 가장 중요해지는 순간임을 의미하기도 한다. 그리고 응급의학과 전문의가 향정신성의약품에 대한 대리 처방을 노골적으로 지시하는 것도 낮보다는 훨씬 더 정신없을 심야 시간의 응급실 상황 때문이다. 약을 받지 못한 환자가 수민에게 난폭하게 불만을 토로하는 것 역시 늦은 시간 잠을 이루지 못하는 극도의 예민함 때문일 것이며, 환자와 신입 간호사의 충돌을 중재해 줄 사람이 경희 외에 아무도 없는 것도 심야 시간대라는 상황을 감안해야 이해할 수 있다. 환자에게 떠밀려 경희가 부상을 당하는 복도에는 늦은 밤 보호자 없이 잠을 청해야 하는 또 다른 환자들만 있을 뿐이며, 그들은 병동의 소란함을 구경만 하는 방관자일 뿐 그 현장에 직접 들어오지 않는다. 이처럼 영화에서 경희와 수민이 겪은 사고는 3교대의 심야 시간에만 일어날 수 있는, 그렇지만 그 시간대에 일하는 모든 간호사에게 일상일 수도 있는 일이다. 그런 측면에서 〈3교대〉라는 제목은 관객이 쉽게 만나기 어렵지만 매일 반복되는 의료계의 민낯을 보여주려는 감독의 의중이 잘 반영되었다고 볼 수 있다.

간호사가 만나는 사람들 그리고 간호사 노동의 가치

영화에는 간호사 경희를 중심으로 병원의 다양한 사람들의 관계가 드러난다. 각자의 관계에서 드러나는 노골적인 차별과 폭력, 암묵적인 억압 그리고 우호적인 연대 등을 보여주면서, 감독은 이런 관계 속의 여러 모습이 개개인의 문제가 아니라는 것을 강조하고자 한다. 그리고 간호사가 의료 현장에서 만나는 다양한 사람들과의 관계는, 간호사 노동의 의미와 가치를 다시 고민하게 한다.

#1. 의사-간호사

응급의학과 전문의 정환과 간호사 경희/수민의 관계는 병원 속 의사와 간호사의 위계를 불편하게 보여준다. 의사가 간호사에게 언제나 정중하고 친절하게 대하거나 가끔 간호사가 의사의 진료나 병원 업무에 대해 발언하고 적극적으로 개입하는 영화나 드라마도 있지만, 〈3교대〉에서 전문의 정환에게 간호사라는 존재는 병원에서 함께 의료 업무에 종사하는 동료가 아니라, 자신의 지시를 고분고분 들어야 하는 아랫사람일 뿐이다. 간호사를 동료 의료인으로 대하지 않는 정환의 이런 태도는, 이번 「간호법」 제정으로 인해 삭제된 「의료법」 제2조(의료인)의 5항 간호사 업무 중 "의사, 치과의사, 한의사의 지도하에 시행되는 진료의 보조"라는 조항이 현실에서 어떻게 작동하는지 보여주는 것일 수도 있다. 법률적으로 간호사는 의사의 지도를 받아 보조하는 역할만 맡는 사람일 뿐이다. 만약 「간호법」이 제정되고 의료인을 「간호법」에 따른 간호사'로 재정의된 이후(개정된 「의료법」 제2조1항) 이 영화가 만들어졌다면, 경희/수민을 대하는 정환의 태도는 얼마나 다르게 그려질까?

다시 영화로 돌아가 보자. 야간 근무 도중 정환이 향정신성의약품 졸피뎀 대리 처방을 지시하는(혹은 떠넘기는) 모습은 사뭇 무책임하고 불법적이기까지 하다. 「의료법」 제17의2(처방전)에 따르면 '의료업에 종사하고 직접 진찰한 의사, 치과 의사 또는 한의사가 아니면 (중략) 처방전을 작성하여 환자에게 교부하거나 발송하지 못하며', 이를 위반하면 '1년 이하의 징역이나 1천만 원 이하의 벌금'(제89조)에 처할 수 있다. 그렇지만 심야 시간이라는 정황상 응급의학과의 급박한 상황을 감안하더라도, 관행인 양 불법적인 대리 처방을 스스럼없이 떠넘기는 정환의 모습은 이 지시를 들은 간호사 경희의 입장을 전혀 고려하지 않는 것이다.

- 정환 / 다른 곳에서는 다 해 주는데 왜 이렇게 빡빡해?

더군다나 경희가 그 지시를 즉각 이행하지 않고 기다리다가 다시 응급실에 전화하여 직접 정환과 통화하려는 장면은, 현행법상 불법인 전문의의 지시를 따를 수 없지만 그럼에도 불구하고 의사의 처방을 기다릴 수밖에 없는 간호사 권한의 한계 혹은 의사-간호사의 위계를 상징적으로 보여준다.

의사와 간호사의 위계 서열은 수민의 경위서에 대해 정환이 불만을 표출하는 장면에서 더욱 분명하게 드러난다. 경희가 부상을 입은 과정을 서술한 경위서에서 수민은 정환이 유선상으로 대리 처방을 지시했다는 내용을 적었는데, 이에 대해 정환은 불같이 화를 내면서 폭언을 던진다. 응급실의 상황을 핑계로 간호사에게 지시한 불법 처방을 정당화하고, 이에 응하지 않아 결국 환자의 항의를 받고 부상까지 당한 간호사의 안위에는 무관심한 듯한 정환의 모습은, 의료 현장에서 간호사를 대하는 의사의 인식을 불편하게 그려 낸다.

> - 정환 / 누구 인생 망칠려고 그래?
> **신입이라서 뗑한 건가?**
> 응급실 상황 뻔히 알면서 말야. (강조는 인용자)

　나아가 정환이 수민에게 큰 소리로 불평하고 다그치는 와중에, 그런 소란함에 항의하는 방문객(부상 당한 경희의 보호자인 혜선)에게 간호사 수민은 고개 숙여 사과하지만, 막상 그 항의의 대상인 정환은 몸을 돌려 보호자의 시선을 회피한다. 이 장면은, 의사-간호사 당사자 사이의 관계뿐 아니라 환자와 보호자를 대하는 의사와 간호사의 태도가 얼마나 다른지를 보여준다.

　이처럼 간호사가 병원에서 만나는 의사는 동료 의료인이 아니라, 자신에게 (부당할 수도 있는) 업무를 지시하고, 책임을 떠넘기고, 거칠게 불평하는 존재일 뿐이다. 이런 환경에서 간호사는 전문적 의료인으로서 자신의 노동을 더욱 가치 있게 인식할 수 있을까? 진료 차트를 더 정확하게 기록하고 이해하려 애쓰고, 환자의 불편을 최대한 줄여주려는 간호사의 노동의 가치는, 의사와의 관계 속에서 철저하게 무시되는 것이다. 이번 「간호법」 제정이, 영화에서 보여주는 의약품 처방을 둘러싼 갈등 그리고 더 나아가 현장에서 서로를 대하는 의사-간호사의 관계를 어떻게 바꿀 수 있을지는 미지수다. 보건의료 현장의 수많은 직역이 그동안 의사의 지휘 아래 있었기 때문에 여러 문제가 발생한 것은 사실이지만, 역으로 PA간호사와 같은 독립적인 지위가 늘어나면 의료 현장은 어떻게 될 것인가?

#2. 간호사-간호사

정환과 경희/수민의 일방적인 관계와 달리, 간호사 사이의 관계는 인물에 따라 다르다. 우선 경희와 수민은 감독의 말대로 간호사 사이의 끈끈한 유대 관계를 보여준다. 야간 근무 파트너로서 선배 경희는 환자의 진료 차트를 정확하게 이해하고 기록하는 데 수민을 돕거나, '급하게 처리하지 말고 자신에게 하나하나 물어보면서 꼼꼼하게 확인하라'고 조언한다. 이런 관계는 일회성이 아닌 것처럼 보이는데, 수민은 경희에게 스스럼없이 도움을 구하기도 하며 경희 역시 환자와 말다툼을 하는 수민을 돕기 위해 나서기도 한다. 특히나 경희는 자신의 부상에 대해 미안함을 느끼고, 병원 내에서 분란이 일어날 수 있음을 알면서도(정환의 거친 항의가 보여주듯이) 경위서를 사실대로 적은 수민에게 위로의 말을 전한다.

- 경희 / 내가 당당하면 되는 건데, 그게 쉽지 않죠?

　당당할 수 있고 당당한 것이 이상하지도 않지만, 병원의 현실로 인해 타협하고 굴복해야 하는 수민을 위로하는 장면은, 언론에 보도되는 '태움'의 관행과 완전히 다른 간호사들의 동료애와 유대 관계를 드러낸다. 특히 병원 내부의 적대적인(노골적이든 은연중이든) 분위기로 인해 수민이 수정한 경위서 문구를 경희가 다시 고치는 모습은, 자신을 포함하여 간호사 전체의 노동을 얼마나 가치 있게 여기는지, 그리고 그렇게 인식되기를 얼마나 바라는지 절실하게 보여준다. 동료 간호사를 위하는 경희의 이런 태도는, 자신의 공백으로 인해 과부하에 걸린 동료들을 위해(굳이 수민이 아니더라도), 스스로 상처를 소독하고 붕대를 감는 느린 장면에서도 마찬가지이다.

　반면 수간호사 미선과 수민의 대화는, 같은 간호사라 하더라도 직급에 따라 그 관계가 다를 수도 있음을 보여준다. 미선이 간호부장과 통화하면서 의사의 대리 처방 지시, 환자의 폭행과 간호사의 부상에 대해 병원이나 의료진의 사과를 요구하는 장면은, 자신을 포함한 간호사의 권리를 대변하는 것처럼 보이기도 한다.

- 미선 / 항상 간호사들만 중간에서 피해 보잖아요, 부장님.
　그런 식으로 전달 못 해요. 사람이 다쳤잖아요.

그러나 수간호사의 외로운 항변은* 병원의 구조적인 문제로 인해 반영되지 못하고, 어쩔 수 없는 현실을 받아들인 미선은 수민에게도 그 현실에 순응하라고 요구한다.

- 미선 / 그런데 그렇게 한다고 한들 뭐가 달라지겠어요?
경위서 다시 써 줘요. 일 더 크게 만들지 말고.

직접적이고 노골적인 압박은 아니라 하더라도 신입 간호사에 대한 수간호사의 요구는, 현재의 분란을 알아서 수습하라고 떠미는 것이며, 동시에 병원의 부당한 조직 문화에 순응하라는 항복 권유이다. 어쩌면 미선도 과거 신입 시절에 지금의 수민이 처한 부조리한 일상을 겪었을지도 모른다. 그녀 역시 수민처럼 저항했을 수도 있지만, 언젠가부터 자신의 싸움이 외롭거나 부질없다는 것을 깨달았을지도 모른다. 10여 년 이상 간호사로 일하며 수간호사가 된 지금, 미선은 경희와 수민의 억울함을 변호하면서도 동시에 아무것도 바뀌지 않으리라는 것을 경험상 알고 있을 것이다. 오히려 그런 수민의 정당한 항변이 '일을 더 크게 만들고', 수민뿐 아니라 간호

---

* 실제로 미선이 조용히 항의하는 대화의 상대방은 영화 속 장면에 직접 등장하지 않고 수화기 너머에 있다. 그리고 통화하는 상대방의 목소리조차 들리지 않는다. 이는 그녀의 목소리가 제대로 전달되기 어려우며, 어떤 벽을 향한 것임을 암시하는 것이 아닐까? 반면 전문의 정환은 밝은 복도, 열린 공간에서 간호사 수민의 얼굴을 직접 마주하며 거칠게 불평을 퍼붓는다. 이 두 장면은 전문의와 간호사가 병원에서 어떤 위치를 차지하는지를 대조적으로 보여준다.

사 전체에게 어떤 불이익으로 돌아올까 걱정하는 것일 수도 있다. 순응을 권유하는 미선의 진심이 무엇이든지 간에, 그 권유를 담담히 받아들이는 수민은 그런 마음이 아니었을까?

미선, 경희, 수민은 모두 간호사이지만, 각자의 직급은 다르다. 그리고 병원의 현실과 자신들 노동의 가치를 인식하는 것도 다르다. '태움'처럼 적대적이고 폭력적이지는 않지만, 마냥 끈끈한 유대감을 보여주지도 않는다. 경희가 수민과 끈끈한 동료애를 보여주는 반면 수간호사가 수민에게 불편한 타협을 종용하는 모습은, 간호사들의 노동 문화를 획일적인 것으로 재단할 수 없음을 보여준다. 〈3교대〉는 '태움'이라는 오명으로 얼룩진 간호사 노동 문화, 의사가 주인공인 영화나 드라마에서 흔하게 묘사되는 무미건조한 간호사의 이미지가 아니라 실제 병원 현장의 간호사 노동을 더욱 두툼하게 들여다볼 것을 요구한다. 〈3교대〉가 던지는 이러한 질문은, 이번 「간호법」 제정을 통해 그 가치를 법적으로 인정받게 된 PA간호사의 위상이 전체 간호사의 업무에 어떤 의미가 있을지 관심을 가져야 하는 이유이기도 하다.

#3. 간호사-환자

영화 속에서 정환과 경희/수민의 적대적 관계만큼이나 불편하게 그려진 것은 수민과 입원 환자 형철의 부딪힘이다. 보호자가 없는 심야 시간대에 불면증을 호소하면서 수면제 처방을 요청한 형철은 자신의 기대만큼 빨리 수면제를 받지 못하자 분노를 표출한다. 처음부터 수민과 경희에게 하대를 하던 그는 점차 과격한 발언을 쏟아 낸다. 나이 많은 남성 환자의 폭언은 기본적으로 젊은 여성에 대한 무시를 보여준다. 형철과 수민/경희의 관계가 조금 과장되게 묘사되었다고 하더라도, 실제 의료 현장에서 그리 낯설지 않다. 병원에서 할아버지 입원 환자가 젊은 여성 간호사에게 반말 혹은 반존대를 하는 풍경은 종종 관찰된다. 하지만 그런 환자가 나이와 무관하게 남성 전문의나 전공의에게 똑같은 태도를 보이는 경우는 그리 많지 않다.* 비단 간호사뿐만 아니라 우리 사회 곳곳에서 나이가 더 많다는 이유로 혹은 남자라는 이유로 젊은 여성에게 함부로 말하고 행동하는 일은 어제오늘의 일은 아니다.

- 형철 / 전화받은 사람이 누구야? **아가씨야?**

  뭣도 모르는 년이 다 있어?

  이렇게 **말귀 못 알아듣는 것들은** 처음이네. (강조는 인용자)

그렇지만 더욱 심각한 것은 '젊은' '여성'에 대한 비뚤어진 인식이 '간호사'에 대한 편견과 중첩되어 한층 노골적이고 성차별적인 언행으로 이어진다

---

* 　반면 영화에서 그런 장면은 없지만, 현실에서 여성 간호사들이 할아버지 환자에게 공적이고 딱딱한 말투 대신, 마치 손녀나 딸처럼 대하는 모습도 목격된다. 이는 간호사가 자신의 지위를 일부러 낮추려는 것이 아니라, 할아버지 환자와 원활하게 의사소통하고 진료와 치료를 수월하게 하려는 일종의 전략일 수도 있다. 의사와 환자, 간호사와 환자 사이의 커뮤니케이션에 대해서는 별도의 고민이 필요하다.

는 점이다. 전문적인 간호 교육과 훈련을 받은 간호사로부터 돌봄을 받고 있음에도 불구하고, 늙은 형철의 눈에는 그 간호사가 그저 '아가씨', '뭣도 모르는 년', '말귀 못 알아듣는 것들'일 뿐이다. 나아가 자신이 받고 싶은 의료 서비스는 젊은 여성 간호사가 아니라, 남성 의사의 몫이라고 생각한다.

　- 형철 / 뭐야? 너 의사야?

　　안 되겠어, 내가 의사한테 직접 가 봐야겠어.

　향정신성의약품인 졸피뎀을 의사만이 처방할 수 있다는 사실을 형철은 알고 있었을까? 그렇기에 직접 의사를 만나겠다고 우긴 것일까? 당연히 아닐 것이다. 설령 직접 의사를 만났다고 해도, 형철은 수민과 경희에게 했던 것처럼 막말을 섞은 불평을 쏟아 부었을까? 형철에게 젊은 여성 간호사는, 전문 의료인인 의사를 보조하여 환자를 보살피고 약 심부름 같은 허드렛일을 하는 사람일 뿐이다. 의사와 간호사의 권한과 역할에 대해 무지하고 자신의 불면증 외에 다른 정황을 살피지 못하는 이기적이면서도 성차별적인 형철과 같은 캐릭터는, 수많은 영화나 드라마에서 단골로 등장하는 악역이다. 그런 '단골' 캐릭터는 곧 병원 현장에서 비슷한 일이 반복되고 있다는 것을 의미한다.

　이런 환자에 대해 간호사는 어떻게 대처하는가? 처음에는 "불편을 드려 죄송합니다."라면서 사과하고 달래던 수민은 형철의 도를 넘는 폭언에 발끈하고, 이를 중재하는 경희는 더 큰 분란을 막고자 수민을 현장에서 벗어나게 하려고 한다. 어쩌면 선배 간호사 경희는 이런 상황에 익숙할 것이며, 이를 최대한 빠르고 조용하게 수습하는 법을 체득한 것일지도 모른다. 이런 경희의 태도가 환자를 생각하는 간호사로서의 성실함인지 현실에 대한 순응인지 알 수는 없다. 심야 시간대 간호사의 노동은 전문적 의료 업무인가 아니면 늦은 밤 수면을 취하지 못하는 까칠한 환자를 진정시키고 재워야 하는 돌봄 노동인가? 어찌 되었든 간에 환자가 막무가내로 폭언을 일삼고 간호사에게 폭력을 행사하더라도, 환자를 돌봐야 한다는 간호사의 본질적인 역할은 현실에서 변하지 않는다. 수민이 쓴 경위서의 본문은 이를 씁쓸하게 보여준다.

> 응급실 사정을 충분히 설명하지 못하였습니다.
> 이수민 간호사는 **급한 상황에서 환자의 불편함을 가장 먼저 생각해야 함에도 불구하고,** 환자를 진정시킬 수 있는 모든 노력을 충분히 행하지 못했습니다.
> 또한 본원의 처방 관리 지침에 따라 야간 처방이 다소 지연될 수 있다는 점을 **환자에게 친절히 설명해야 했음에도 불구하고** 이를 충분히 행하지 않았습니다. (강조는 인용자)

의료와 돌봄을 모두 포함한 간호사의 노동

흔히 돌봄 노동은 스스로 자신을 돌볼 수 없고 다른 사람에게 의존해야 하는 사람들(예를 들어 환자나 노인, 어린이 등)을 돌보는 활동으로 정의되는데, 이런 돌봄 노동을 하는 대표적인 직군으로는 간병인, 가사도우미, 육아도우미, 장애인활동보조인, 장애아동재활치료사 등이 언급된다. 이에 따르자면, 간호사는 돌봄 노동을 수행하는 돌봄 노동자 직군에 포함되지 않는다. 이번에 통과된 「간호법」 제12조에 규정된 '간호사의 업무'에도 '돌봄'이라는 용어 자체가 포함되어 있지는 않다.* 법에서 규정한 간호사의 업무란, '환자의 간호 요구에 대한 관찰, 자료 수집, 간호 판단 및 요양을 위한 간호', '「의료법」에 따른 의사, 치과 의사, 한의사의 지도하에 시행하는 진료의 보조', '간호 요구자에 대한 교육, 상담, 건강 증진을 위한 활동의 기획과 수행' 등이다.

이처럼 간호사의 업무는 명시적으로 돌봄 노동과 구분되는 것처럼 보이지만, 현실에서는 전문적인 의료 서비스와 돌봄 노동이 뒤섞여 있다. 간호사가 되기 위한 대학교육부터 자격증을 취득하는 것까지 누구나 접근할 수 없는 배타적이고 전문적인 과정을 거쳐야 한다. 다른 의료인과 구분되기는 하지만, 의료 현장에서 간호사의 업무는 분명 전문적 의료 서비스에 포함된다. 그리고 이번에 제정된 「간호법」이 그런 서비스를 제공하는 간호사의 전문성과 자율성을 일정 정도 인정한 것이기도 하다. 게다가 「간호법」 제정 이유에 서술된 '초고령사회 진입'이나 '만성질환의 중심의 질병 구조

---

* 이는 이번 「간호법」 제정으로 인해 삭제된 「의료법」 제2조 5항의 '간호사의 업무'에도 마찬가지이다.

변화' 등은 간호사의 전문적 활동이 의료 현장뿐 아니라 일상에서도 더욱 중요해졌다는 것을 말해준다.

그럼에도 불구하고 현실에서 간호사의 노동은 의사, 치과 의사, 한의사의 의료 활동보다 그 가치를 낮게 평가받거나, 전문적 의료 서비스가 아닌 돌봄 노동과 비슷한 것으로 인식되곤 한다. 특히 영화 〈3교대〉에서 간호사의 업무는 의료 서비스와 돌봄 노동이 혼재되어 있고, 후자의 성격이 두드러진다. 영화 속 심야 시간대는, 의료 현장에서 간호사의 역할이 가장 중요한 순간이다. 3교대 심야 근무는 보호자가 없거나 잠들어 있고, 환자의 고통과 괴로움은 가장 크며, 주치의 혹은 의사와의 원활한 소통이 어려운 시간대에 이루어진다. 낮 시간대에 의사가 책임을 지는 환자에 대한 의료 서비스나 보호자가 주로 떠안는 환자에 대한 돌봄도, 심야 시간대에는 모두 간호사가 전적으로 도맡아야 한다. 그럼에도 불구하고, 의사는 간호사를 동료 의료인으로 인정하지 않고, 지시를 따르기만 하는 부하 직원 정도로 여긴다. 나이 많은 환자는 간호사를 전문 의료인으로 존중하는 대신, 자신의 불편함을 제때 해결해줘야 할 사람으로 취급한다. 경희와 수민은 3교대 시간 동안 동료로, 혹은 전문 의료인으로 존중받지 못하는 부당한 현실을 감내해야 한다. 영화 〈3교대〉는 간호사의 노동이 전문적 의료 서비스와 돌봄 노동 가운데에 있는 것이 아니라 이 모두를 포괄하는 것임을 보여주며, 따라서 누구보다 의료 현장과 일상에서 필요한 간호사 노동에 대한 정당한 평가를 요구한다. 「간호법」과 같은 법률적·제도적인 인정뿐 아니라, 동료든 환자든 간호사 노동의 도움을 받는 모두의 존중이 필요하다.

① 의료 현장에서 환자가 의사보다 더 많이 만나고 편하게 도움을 받는 의료인이 간호사임에도 불구하고, 그런 간호사에 대한 환자/보호자의 존중과 대우가 의사보다 낮은 이유는 무엇일까?

② 현대 사회에서 3교대를 할 수밖에 없는 직역은 다양한데, 특히 간호사의 3교대 근무가 지니는 독특함은 무엇인가?

③ 입원 환자가 있는 병원의 경우, 간호사가 환자를 돌보는 것은 전문적인 의료 서비스인가 아니면 또 다른 돌봄 노동의 하나인가?

④ 급박한 상황에서 혹은 불가피하게 의사의 직접적인 지휘와 감독을 받기 어려운 상황에서, 환자를 위한 간호사의 역할은 어디까지 허용될 수 있는가?

⑤ 최근에는 여성뿐 아니라 남성도 간호사로서 활동하고 있는데, 영화 <3교대>의 주인공이 남성 간호사였다면 어떻게 다른 장면들이 연출되었을까?

더 찾아볼 작품

드라마 <정신병동에도 아침이 와요>(2023)

2023년 11월 넷플릭스에서 공개된 드라마로서 동명의 웹툰 원작이 있다. 내과 간호사 3년차에서 정신건강의학과로 처음 오게 된 간호사 '다은'이 정신병동에서 만나는 세상과 사람들의 이야기를 다룬 드라마이다. 간호사 세계에서 사회불안장애 증상과 우울증을 얻게 된 다은이 정신건강의학과 병동에서 의사, 간호사, 환자, 보호자들과 만나면서 서로를 치유하는 드라마이다.

영화 <인플루엔자>(2022)

간호사들 사이의 '태움'을 직접 다룬 영화. 신종 전염병이 유행하는 상황에서 3개월 차 간호사 '다솔'이 신입 간호사 '은비'의 교육을 맡으면서, 자신이 경험한 '태움'을 절대 대물림하지 않겠다고 다짐한다. 그렇지만 급박한 상황에서 신입 간호사가 사고를 내게 되고, 이를 수습하고 교육하는 과정에서 폭력과 괴롭힘이 재연된다. 의료 현장의 '태움'이 구조적인 관행임을 보여주는 영화이다.

의학의 진보와 인간의 길*

— 영화 〈프로메테우스〉와 인간강화의 역설

박 성 호

* 이 글은 『대중서사연구』 제30권 3호에 실린 필자의 논문 「영화 〈프로메테우스〉의 창조자-피조물 관계와 인간강화의 역설」을 기초로 재구성된 것임을 밝혀 두고자 함.

인간을 뛰어넘는 인간, 인간강화와 트랜스휴먼

최근 들어 흔히 접하는 표현 가운데 하나가 '100세 시대'이다. 100세라고 하면 과거에는 거의 기적과도 같은 수명이었고, 극히 소수의 사람들만 누릴 수 있는 혜택이었다. 하지만 오늘날에는 의학의 발달로 인해 누구든지 100세까지 살 수 있다는 기대를 품는 것이 그리 허황된 이야기가 아니게 되었다. 이는 비단 질병을 치료한다는 관점에서만 그치는 것이 아니라, 아예 인간의 노화 자체를 지연 혹은 역전시켜 버리는 항노화의학에 대한 관심으로까지 이어지고 있다.

어디 그뿐인가. 유전자 조작을 통해서 질병을 극복하고 건강한 상태를 유지할 수 있다는 사고는 첨단 의학의 낙관적 전망을 대변하는 대표적인 명제 중 하나이다. 태아 시절부터 장애나 질병을 일으킬 만한 요인을 제거한다든가, 부모가 원하는 형질을 갖춘 채 태어날 수 있도록 조절하는 것도 기술적으로만 본다면 이미 그리 비현실적인 이야기가 아니다. 적어도 우리가 직면하게 될 윤리적·법적 문제에 비한다면 기술의 문턱은 그다지 높지 않다.

이처럼 인간의 생물학적 한계를 뛰어넘기 위한 시도를 통칭하여 인간강화(human enhancement)라고 한다. 그리고 이러한 강화를 통해 탄생하는 새로운 형태의 인류를 트랜스휴먼(transhuman)이라고 지칭한다. 이렇게 말하고 보면 SF에서나 등장할 법한 기괴한 신인류에 대한 이야기 같지만, 이 인간강화의 문제는 현실 속의 우리에게도 전혀 낯선 이야기가 아니다.

사실 우리는 이미 일상 속에서도 다양한 형태의 '강화'를 체험하고 있다. 인간의 다리로는 전력으로 달린다고 해 봐야 시속 10여 킬로미터 정도가 한계겠지만, 자동차로는 시속 수십 킬로미터는 물론 시속 100킬로미터도 거뜬히 넘긴다. 고속철도라면 시속 300킬로미터, 비행기는 시속 1,000킬로미터로도 날 수 있다. 인간에게는 불가능한 수치이지만 우리의 일상에서는 그다지 낯설지도 신기하지도 않다. 만일 인간이 1만 미터 높이의 하늘에서 시속 1,000킬로미터로 날아간다고 하면 호흡곤란 때문이든, 동상 때문이든, 혹은 풍압으로 인해서든 신체는 버텨내지 못할 것이다. 그러나 오늘날의 우리는 아주 편안하게 식사를 즐기면서 이런 물리적인 이동을 구현해 낸다. 비록 좁은 좌석으로 인해 이코노미 증후군에 빠질 우려는 있겠지만 말이다.

이러한 문명의 이기에 대해 우리는 전혀 이상하게 여기지 않는다. 그렇다고 이런 존재들이 인간을 '인간 아닌 무엇'으로 만든다고 생각하지도 않는다. 하지만 비행기는커녕 자동차도 없던 200년 전의 인간과, 하루 만에 태평양을 건너갈 수 있는 현재의 인간은 과연 '같은' 인간일까? 200년 전에 살던 사람의 관점에서 본다면 현재의 인간은 그야말로 상상 속의 괴물처럼 느껴질지도 모른다. 어제 런던에 있던 사람이 오늘은 서울을 활보한다니, 이게 인간으로서 가능한 일이란 말인가?

조금 더 사고를 확장해 보자. 불과 1세기 전만 해도 인간에게는 제대로 된 항생물질조차 보급되지 않았다. 오늘날의 관점에서 보자면 대수롭지 않은 세균 감염으로도 치명상을 입을 위험에 노출되어 있었다. 하지만 현대를 사는 우리는 이런 위험을 체감하지 못한다. 어지간한 세균 감염은 물론이려니와 이제는 바이러스까지도 효과적으로 대응할 수 있는 시대이다. 몇 년 전 전 세계를 뒤흔든 코로나19 팬데믹에서도 대응 백신이 개발되는 데에는 채 1년이 걸리지 않았다.

의학의 발전 덕분에 기대수명을 크게 늘리고, 각종 문명의 이기를 바탕으로 활동 영역을 엄청나게 확장했으며, 스마트폰과 같은 전자기기의 발달 덕분에 두뇌가 수행하던 역할 중 상당 부분을 아웃소싱할 수 있게 된 것이 오늘날의 인류다. 과연 우리는 200년 전의 인류와 동일한 종(種)인가? 만일 우리가 200년 뒤의 인류를 목격하게 되면, 우리는 그들을 같은 종으로 여기게 될까? 이처럼 인간강화와 트랜스휴먼의 문제는 우리의 현실과 결코 동떨어진 상상 속의 이야기가 아니다.

그러하기에 우리는 인간강화와 관련된 다양한 의문에 대해서도 본격적으로 탐구하고 고민해 봐야 하는 시점에 도달했다고 하겠다. 비단 구체적인 기술의 출현과 그에 대한 논란의 영역이 아니라 할지라도, 인간을 강화함으로써 새로운 인간을 만들어 내고자 하는 방향성에 대해서는 이미 무수한 질문과 비판이 이루어지고 있다. 그것도 학술적인 영역에서뿐만이 아니라, 우리가 일상적으로 접하는 대중 서사의 영역에서도 말이다.

영화 〈에이리언〉 시리즈는 이러한 문제의식 앞에서 중요한 시사점을 던져 주는 서사이다. 특히 2012년부터 시작된 프리퀄 시리즈, 즉 〈프로메테우스〉를 시발점으로 한 리들리 스콧 감독은 '여담(餘談)'에서 클래식에서는 미처 하지 못한 이야기를 꺼내 놓고 있다. 인간의 기원과, 그 대척점에 놓인 새로운 인간의 탄생이 가져다주는 비극의 서사가 바로 그것이다.

〈에이리언〉 시리즈의 기원이자 종착점, 〈프로메테우스〉

영화 〈에이리언〉 시리즈는 1979년 개봉작인 〈에이리언(Alien)〉으로부터 시작되었다. 리들리 스콧 감독의 출세작이라고 해도 괜찮을 법한 이 영화는 원래 전형적인 스페이스 호러물이었다. 도망갈 곳도 없는 밀폐된 우주선 안에서 출처도 정체도 알 수 없는 괴물과 마주하여 그로부터 살아남기 위해 투쟁하는 인간의 서사가 이 〈에이리언(Alien)〉의 핵심을 차지하는 이야기이다. 여기에서 등장하는 제노모프(Xenomorph)란 사실 천재지변에 가까운 존재이며, 작중 인물들은 괴물에 대해 탐사하거나 고민할 틈조차 없이 오로지 생존을 위해 내달려야 하는 처지에 놓여 있을 따름이었다.

이런 서사는 후속작인 〈에이리언 2(Aliens)〉(1987)나 이후의 3, 4편에서도 크게 다르지 않게 이어진다. 다만 매 편마다 감독이 달랐던지라 이야기도 등장하는 괴물의 정체나 행동 양태 등도 조금씩 달라지기는 했다. 그래서 리들리 스콧의 첫 작품에는 등장하지 않은 군집 생명체—이를테면 벌이나 개미―의 생태가 적용되기도 했고, 나아가서는 인간과의 유전자 조합을 통해 새로운 형태의 제노모프를 탄생시키기조차 했다. 사실 이때부터 〈에이리언〉 시리즈는 인간강화를 통한 새로운 형태의 인간, 즉 트랜스휴먼에 대한 이야기를 조금씩 내놓고 있었다. 다만 이를 본격화한 것은 리들리 스콧의 프리퀄 2부작, 〈프로메테우스〉와 〈에이리언: 커버넌트〉를 통해서였다.

2012년 발표된 〈프로메테우스〉는 이러한 〈에이리언〉 시리즈의 이야기를 기원에서부터 되풀이하는 작업이기도 했지만, 동시에 제노모프와 인간 사이의 연결 고리를 만들어 내는 시도이기도 했다. 리들리 스콧으로부터 시작된 〈에이리언〉 시리즈에서 제노모프는 정체불명의 외계 생명체에 불과했을 뿐, 그 기원이나 속성에 대한 정보는 가려져 있었다. 〈프로메테우스〉 연작은 이러한 불확실성을 깨고, 그간 팬들 사이에서 '스페이스 자키(Space Jockey)'나 '익스플로러(Explorer)' 등의 별칭으로만 불리던 외계인의 정체와 더불어서, 클래식 시리즈를 통해 알려진 제노모프의 탄생 과정을 밝히고자 했다.

〈프로메테우스〉는 인류의 기원을 탐사하기 위한 '프로메테우스 프로젝트'를 실현하기 위해 우주로 나선 프로메테우스호 승무원들의 이야기로 시작된다. 하지만 프로메테우스호의 진짜 목적은 단지 인류의 기원을 찾아내기 위해서만 아니라, 인류의 창조자로 지목된 외계 종족 '엔지니어(Engineer)'를 만나서 그들로부터 모종의 기술을 전수받는 데 있었다. 프로젝트의 설립자인 피터 웨이랜드 회장은 이를 프로메테우스의 '불'에 빗대

고는 했는데, 표면적으로는 그가 이룩해 낸 안드로이드 창조를 지칭하는 것이었지만 실질적으로는 특정 기술의 발견을 뛰어넘어서 신과 같은 창조주로서의 권능(權能)을 포괄하는 의미였다는 점이 서서히 밝혀지게 된다.

고대 그리스 신화 속의 프로메테우스는 인간에게 불을 전해 준 것으로 널리 알려져 있지만는데, 동생인 에피메테우스와 함께 인간을 창조해 낸 존재이기도 하다. 신화의 세계관에서는 헤파이토스 이전에 장인(匠人)을 담당한 신이기도 하다. 영화 초반 동굴벽화에서 외계 종족의 존재를 밝혀 낸 엘리자베스 쇼 박사가 그들에게 '엔지니어'라는 칭호를 붙인 것도 이런 맥락이었다. 인간을 창조하고 또한 불까지 준 기술의 신, 즉 인간의 창조주인 외계 종족은 그야말로 신화 속 프로메테우스와 같은 존재였던 셈이다.

인간의 욕심은 불을 얻는 데에서 그치지 않는다. 불이 인간을 어둠과 추위로부터 자유롭게 해 주었다면, 이제 인간에게 필요한 것은 절대영도(絶對零度, Absolute Zero)와 우주 방사선 등의 가혹한 환경으로부터 해방될 수 있는 또 다른 '불'이었다. 프로메테우스 프로젝트가 단지 인간의 창조주를 찾아 나서는 여정으로만 그칠 수 없는 이유도 여기에 있었다. 프로메테우스로부터 또 다른 가르침을 얻어서 새로운 영역으로 나아가고자 하는 것, 나아가서는 이러한 '강화'를 통해 기존의 인간으로부터 벗어나 프로메테우스와 동일한 반열에 올라서고자 했기 때문이다.

말하자면 〈프로메테우스〉는 인간이 프로메테우스로부터 불을 받는 데 그치지 않고, 나아가서는 프로메테우스 자신이 되고자 하는 욕망으로부터 출발한 셈이다. 인간은 프로메테우스를 닮고 싶어서 스스로 '불'을 만들어

냈고, 프로메테우스 앞에서 그 성과를 인정받음으로써 자신 역시 프로메테우스와 동일한 '신'이 되고자 했다.

그러나 신화 속의 프로메테우스와 달리 〈프로메테우스〉 속의 프로메테우스, 즉 인간의 창조주는 결코 인간에게 선의를 지닌 존재가 아니었으며, 이는 프로메테우스를 모방하여 '불'을 만들어 낸 인간 역시 마찬가지였다는 점이 조금씩 밝혀지게 된다. 애초에 프로메테우스라는 명명 자체가 창조주의 의도를 선해(善解)한 인간의 욕망이었으며, 나아가서는 불 앞에서 길을 잃은 인간 자신의 운명이기도 했다. 그저 불을 들고 눈앞의 길을 밝히더라도, 정작 자신이 어디를 향해 가고 있는지는 미처 알지 못했던 것이다.

인간강화가 마주하는 질문, "인간이란 무엇인가?"

〈프로메테우스〉에서 피터 웨이랜드가 품은 욕망은 단지 개인의 욕심을 위해서만이었다고 보기는 어렵다. 물론 그 출발점은 자신의 눈앞에 닥친 죽음으로부터의 해방이지만, 나아가서는 우주 개척 시대에 가혹한 환경하에 놓인 인간의 근본적인 '강화'를 추구한다는 데 궁극적인 목적을 둔 까닭이다.

이런 상황을 상정해 보자. 인체에 일정한 조작을 가해서 온도나 기압, 산소 농도 등에 대한 민감성을 낮출 수 있다면 어떻게 될까? 이를테면 극지방이나 고온의 사막에서도 신체 기능의 이상을 겪지 않고 살 수 있다면 인간의 생활 영역은 대폭 확대될 수 있을 것이며, 기상이변 등의 상황에도 좀 더 유연하게 대처할 수 있을 것이다. 피터 웨이랜드의 기획은 이러한 궤도 위에 올라선 것이었다. 신화 속 프로메테우스가 인간에게 불을 준 것처럼, 기존의 인간이 지닌 약점을 극복하고 새로운 지평으로 나아가기 위해서는 또 다른 '불'을 얻어야 한다는 것이다.

2024년 8월에 개봉한 〈에이리언: 로물루스〉가 이 지점을 명확하게 짚은 바 있다. 작중에서 잠깐 언급되는 '웨이랜드의 꿈'이란 곧 가혹한 우주 환경에서 얼마든지 적응한 채 살아갈 수 있는 인간을 뜻한다. 〈로물루스〉에 등장하는 광부들은 햇빛도 볼 수 없고 미지의 감염병에 노출될 때마다 죽어나가는 처지에 놓여 있다. 하지만 궤도상에 방치된 과학 스테이션 '로물루스'에서 발견한 약물 'Z-01'은 이러한 인간의 유한성을 극복할 수 있는 화학 물질이다. 이에 대해서 설명하는 안드로이드 룩(Rook)은 Z-01을 가리켜서 '웨이랜드 회장의 꿈의 결실'이라고 표현한다.

이는 오늘날 우리가 직면한 인간강화의 다양한 논의들과도 맞닿은 것이기도 하다. 첨단 의학의 발달은 지금까지의 인류가 상상할 수 없었던 새로운 지평을 열어젖히고 있다. 기술적 특이점(singularity)으로도 불리는 이러한 변화는 인간의 삶을 큰 폭으로 바꾸어 놓을 것이 분명하다. 나아가서는 지금과는 전혀 다른 형태의 새로운 인간을 만들게 될지도 모른다. 트랜스휴먼이란 비단 신체의 일부 기능을 강화하거나 특정한 생물학적 한계를 극복했다는 의미로만 작동하지 않는다. 인간 바깥의 인간, 혹은 인간 너머의 인간이란 인간과 닮은 또 다른 종의 탄생을 뜻한다.

후술하겠지만 〈로물루스〉의 Z-01 역시 인간 너머의 인간을 만들어 내는

데 결정적인 역할을 하는 것이었다. 물론 작중 시점에서는 이미 피터를 비롯한 〈프로메테우스〉 및 〈커버넌트〉의 주요 인물들이 모두 사망한 뒤요, 나아가서는 클래식 시리즈의 1편과 2편 사이에 놓여 있으므로 직접적인 연결 고리는 없지만, 인간의 한계를 뛰어넘기 위해 외계 종족의 기술, 즉 '불'을 활용한다는 점에서는 같은 맥락에 놓여 있었다.

피터의 이러한 작업은 〈프로메테우스〉 이전의 시점부터 여러 단계를 거쳐서 수행되어 왔다. 우주 진출 시대에 적합한 인간을 만들어 내기 위해 피터가 가장 먼저 시도한 것은 바로 이 '인간 바깥의 인간'을 만드는 일이었다. 그는 인간을 닮았으면서도 인간의 한계를 뛰어넘는 존재인 안드로이드를 만들어 낸다. 마치 오늘날의 우리가 스마트폰을 통해서 인간의 두뇌가 지닌 기억력과 계산 능력의 한계를 뛰어넘을 수 있는 것처럼, 피터가 만든 안드로이드는 인간을 대신하여 우주에서의 위험한 작업들을 수행해 낸다. 〈프로메테우스〉의 오프닝 시퀀스에서 안드로이드 데이빗이 홀로 깬 상태로 남아서 동면 중인 인간 승무원들을 돌보는 것이 이를 상징적으로 보여준다.

물론 피터의 시도는 여기에서 그치지 않는다. 피터의 목적은 인간 바깥의 인간뿐만 아니라 인간 너머의 인간, 혹은 인간임을 스스로 뛰어넘은 인간에 도달하는 데 있다. 그는 데이빗이라는 외부적 존재를 통한 강화뿐만이 아니라 인간 그 자체의 강화를 추구한다. 가장 직접적인 욕망은 죽음의 극복, 즉 노화와 질병으로 죽음을 앞두고 있는 자신을 불멸자로 만드는 일이다. 자신이 안드로이드에게 불멸에 가까운 힘을 부여한 것처럼, 인간의 창조주 역시 인간에게 비슷한 권능을 부여할 수 있지 않을까? 이러한 의문이 피터로 하여금 외우주 탐사로 눈을 돌리게 했다.

〈프로메테우스〉의 출발점이 되는 '프로메테우스 프로젝트'가 탄생한 것도 그러한 이유에서이다. 표면적으로는 인간의 기원을 탐색하려는 목적을 내세웠지만, 실질적으로는 창조주로부터 불멸의 비결을 알아내고자 했다. 피터 자신이 불멸자 안드로이드를 만들었으니 인간의 창조주도 그와 비슷한 권능을 지니지 않았을까? 이 목적을 위해서 피터는 자신이 죽은 것으로 가장한 채 우주선 프로메테우스호에 탑승하여 탐험대의 탐사 과정을 지켜본다. 탐사대원들 대다수가 '검은 액체'로 인해 발생한 일종의 바이오해저드로 인해 죽어 나가는 와중에도 피터는 아랑곳없이 창조주인 엔지니어를 만나서 불사의 비결을 알아내려는 일에만 몰두한다.

이러한 피터의 행적은 아이러니하게도 인간으로서의 새로운 가능성을 얻기 위해 인간됨을 포기하는 과정에 가까웠다. 앞서도 살폈지만 피터는 자신이 벌인 일련의 행위를 개인의 욕심 추구가 아니라 인류 전체의 존속과 '진화'를 위한 것이라고 여겼다. 그가 자신의 성취를 두고서 프로메테우스로부터 불을 얻어 낸 인간의 진보에 빗댄 것도 그래서였다. 진화에는 도태가 따른다. 피터는 승무원들의 희생을 필연적인 과정으로 여겼다. 그러나 이는 승무원을 자신과 동등한 인간으로 여기지 않는다는 의미이기도 하다. 인간강화를 위해 인간됨을 포기하는 역설은 이 지점에서 노출된다.

인간됨이란 무엇인가? 〈프로메테우스〉에서는 이러한 질문을 암시하는 장면이 여러 번 등장한다. 피터를 비롯한 여러 인물들이 인간이란 무엇인지에 대한 나름의 생각을 내놓는다. 이들이 공통적으로 언급하는 것은 '감정'의 유무다. 인간은 감정을 지녔기에 여타의 존재와는 구별된다는 것이다. 하지만 정작 그 감정이라는 것이 구체적으로 어떠한 것인지를 정확하게 지목하는 사람은 없다. 감정이란, 혹은 인간됨이란 그것을 소유하지 않은 자와의 대비를 통해서만 확인될 뿐이다. 바로 안드로이드와의 대화를 통해서 말이다.

피터도 물론이려니와 할로웨이 역시 안드로이드에 대해서 배타적인 감정을 드러내는 것을 감추지 않는다. 이들이 하나같이 이야기하는 것은 '안드로이드에게는 (인간과 달리) 감정이 없다'는 점이다. 이는 안드로이드에 대한 멸시 혹은 냉소에서 비롯되는 것이기도 하지만, 그보다는 인간의 피조물인 안드로이드에게 결여된 점을 발견함으로써 자신이 인간임을 확인하려는 시도에 가깝다. 심지어는 인간이 지닌 취약성조차도 인간의 고유한 특성, 혹은 인간이 지닌 창조주로서의 우월성을 확인하는 기제로 활용되기조차 한다. 프로메테우스호가 처음 목적지 행성에 도착했을 때, 탐험을 위해 장비를 갖추던 할로웨이는 안드로이드 데이빗을 향해 이렇게 이야기한다. "너는 이런 게 필요하지 않잖아."

하지만 데이빗으로 하여금 승무원들을 희생시켜 가면서까지 자신의 목적을 위해서라면 수단이나 방법을 가리지 않게끔 행동하도록 만든 것은 다름 아닌 할로웨이 자신이다. 피터 역시 승무원들의 잇따른 사망에도 아랑곳없이 엔지니어를 만나는 일에만 몰두한다. 이들의 행동 속에서는 안드로이드에게 없는 특질, 즉 '감정'이라는 인간됨의 요소를 찾기 어렵다. 특히 궁극의 인간강화를 추구하는 피터는 사실상 자신의 피조물인 데이빗과 그 차이를 거의 찾아볼 수 없다. 그리고 이는 검은 액체를 이용하여 자신의 피조물인 인간을 절멸하려는 엔지니어의 그것과도 마찬가지다.

여기에 유일하게 다른 관점을 제시하는 것이 바로 쇼 박사다. 쇼는 엔지니어의 존재를 발견한 뒤에도 여전히 종교적 창조주에 대한 신앙을 포기하지 않으며, 대원들이 모두 죽고 임무 실패가 확실해진 뒤에도 지구로 돌아가는 대신 엔지니어들의 모성을 찾아 떠나는 길을 택한다. 이러한 선택을 의아하게 여긴 데이빗이 이유를 묻자, 쇼는 엔지니어들에게 '이유'를 묻기 위해서라고 대답한다. 인간을 창조한 이유, 그리고 자신이 창조한 인간을 다시 파괴하려는 이유가 무엇인지 물어보고 싶다고 말이다. 그리고 이렇게 덧붙인다. "그게 인간의 감정이라는 것이지."

인간을 태우는 프로메테우스의 불, 인간강화의 역설

〈프로메테우스〉의 안드로이드인 데이빗-8은 그래서 다분히 상징적인 존재다. 〈에이리언〉의 세계관에서 안드로이드는 데이빗 이전부터 이미 존재했다. 하지만 데이빗은 안드로이드 중에서도 특별한 존재로, 작중 시간선을 고려하면 〈프로메테우스〉보다도 한참 이후에 해당하는 클래식 1편의 애쉬(Ash)나 2편의 비숍(Bishop)보다도 월등한 성능을 지닌 것으로 묘사된다. 하물며 후속작인 〈커버넌트〉의 월터(Walter)조차도 데이빗에는 미치지 못한다. 월터의 말을 빌리면, 웨이랜드사는 전작 데이빗의 성능이 과도하게 우수하여 문제를 일으켰다는 판단하에 후속 모델인 월터에서는 고의적으로 일부 기능을 제한했다고 한다.

그렇다면 데이빗에게는 왜 이런 특별한 기능이 부여되었을까? 〈커버넌트〉의 첫 장면에서 그 이유를 엿볼 수 있다. 데이빗을 만들어 낸 피터 웨이랜드 회장은 자신을 'father'라고 부를 것을 요구한다. 그러자 데이빗은 되묻는다. "나는 당신의 아들(son)입니까?" 하지만 웨이랜드 회장의 답변은 달랐다. "너는 나의 창조물(creation)이다." father가 가족 구성원으로서의 '아버지'와 종교적 관점에서의 '신'이라는 중의적 단어임을 활용한 대화이지만, 동시에 데이빗의 성격이 무엇인지를 명확하게 드러내는 대목이기도 하다. 데이빗은 피터의 피조물이자 동시에 그를 가장 완벽하게 모사한 존재다. 마치 신이 자신의 모습을 본떠서 인간을 창조했다고 이야기하는 것처럼 말이다.

이는 〈프로메테우스〉에서도 드러난다. 피터는 자신의 친딸인 빅커스보다도 데이빗을 더 믿고 아낀다. 그러나 동시에 그를 영혼이 없는 존재라고 서슴없이 멸시하기도 한다. 자신의 피조물로서는 더할 나위 없는 애정을 드러내지만, 동시에 피조물로서의 한계선을 명확하게 긋고 창조주인 자신과의 차별성을 강조한다. 피터의 이런 이중적인—혹은 양가적인—태도는 사실 피터 자신의 딜레마이기도 했다. 엔지니어 앞에서 피터는 자신의 성과를 인정받고 동등한 반열에 올라서기를 열망했으나, 엔지니어에게는 그저 자신의 자리를 알지 못하는 '주제넘은' 피조물에 불과했기 때문이다. 결국 엔지니어는 피터를 살해하고 만다. 그리고 미처 실현되지 못한 피터의

프로메테우스가 넘겨준 인간강화의 '불'은 과연
인간을 또다른 프로메테우스로 만들어줄 것인가?
혹은 지나치게 '불'에 가까이 다가가
날개가 타버린 이카루스의 운명을 따라갈 것인가?
그것이 이 영화를 통해 우리가 되물어야 할 본질적인 질문이다.

욕망은 자신을 가장 닮은 피조물, 데이빗에게로 이전된다.

　누구보다도 피터를 닮은 데이빗이었기에, 그 욕망조차 고스란히 닮고자 했다. 피터가 그러했듯이 데이빗 역시 창조주가 되고자 한다. 목적을 위해서는 수단을 가리지 않는 것조차도 닮았다. 자신을 멸시하던 할로웨이에게 검은 액체를 마시게 한 것도 그렇지만, 자신이 애정을 품은 쇼에 대해서조차도 자신의 창조물을 만들어 내고자 하는 목적으로 희생시키는 것을 마다하지 않는다. 원칙적으로는 안드로이드인 데이빗은 인간에게 해를 가할 수 없도록 설계되어야 했지만, 피터는 데이빗에게 '인간적인' 속성을 심어줌으로써 인간을 도구로 삼는 것조차 가능하게 만들어 버렸다. 훗날 웨이랜드사가 후속 모델인 월터의 기능을 일부 제한하게 된 것도 이와 무관하지 않았다.

　다만 데이빗에게는 피터와 같은 근원적인 욕망이 존재하지 않았다. 피터는 스스로 불멸자가 되기를 바랐지만, 데이빗은 이미 강화를 이룬 인간 그 자체였으므로 자신의 강화를 꾀할 까닭이 없었다. 데이빗은 자신이 만들어진 이유를 알고자 했지만, 창조주인 인간은 그러한 질문에 충실한 답변을 들려주지 않았다. 자신을 왜 만들었느냐는 데이빗의 질문에 할로웨이는 "그렇게 할 수 있으니까."라고 대답했을 뿐이었다. 쇼의 표현을 빌린다면 '감정', 혹은 인간됨을 배제한 채 단지 기술의 가능 여부에 따라 선택된 창조란 곧 데이빗에게도 똑같은 행위를 가능하게 만든다. 데이빗은 할로웨이의 대답을 듣고 비로소 검은 액체를 그에게 먹임으로써 새로운 생명체를 만들고자 하는 자신의 순수한 욕망 그 자체에만 집중하게 되었기 때문이다.

그렇게 탄생한 제노모프가 '순수하게' 오로지 자기 종을 번식시키기 위해 파괴를 일삼는 존재로 묘사된 건 어찌 보면 당연한 귀결인지도 모른다. 제노모프는 엔지니어가 만들어 낸 생물학 병기 '검은 액체'에 엔지니어의 피조물인 인간의 DNA를 조합해서 만든 생명체이다. 말하자면 가장 극단적이면서도 이질적인 형태의 트랜스휴먼인 셈이다. 그 특질 역시 피터가 추구한 바를 가장 궁극적으로 실현한 형태로, 우주의 그 어떤 극한 환경에서도 아무런 제약 없이 활동할 수 있는 강인한 생존성도 지녔다.

제노모프가 지닌 이질성은 H. R. 기거(H. R. Giger)가 디자인한 초현실주의적인 외형과 더불어 인간을 향한 무차별적인 공격성에서 기인하는 것이었겠지만, 〈프로메테우스〉는 이러한 이질성을 인간과 가까운 아종(亞種)으로 치환한다. 이는 엔지니어와 인간, 혹은 인간과 안드로이드의 관계에 대한 유비이기도 하다. 한편으로는 〈커버넌트〉에서 데이빗이 '창조주의 창조주' 엔지니어들을 몰살시킨 것처럼, '창조주의 창조주'인 인간을 숙주로 삼고 공격하는 역설을 고스란히 이어받기도 한다. 인간강화란 진화를 향해 나아가는 선형적인 진보가 아니라, 때로는 강화의 주체 자신을 파멸로 이끌기도 한다. 아니, 좀 더 정확하게 말하자면 진화의 속성 자체가 그렇다. 이를 인위적으로 통제하여 선형적이고 평화로운 형태로 이끌어 나갈 수 있으리라는 것이 피터의 낙관론이자 오산이었던 셈이다.

이런 점은 〈로물루스〉에서 극명하게 드러난다. 극심한 부상을 입은 케이는 견디다 못해 로물루스 스테이션에서 발견한 Z-01을 자신에게 투입하지만, 그 결과 인간도 제노모프도 아닌 기이한 형태의 존재인 오프스프링(Offspring)을 출산하게 된다. 이는 〈에이리언 4〉(1997)에서 리플리의 유전자 정보 일부를 공유하면서 자궁을 갖게 된 퀸이 기존의 난생(卵生) 대신 태생(胎生)의 방식으로 인간과 제노모프가 혼합된 형태의 뉴본(Newborn)을 낳은 시퀀스를 고스란히 오마주한 것으로 보이는데, 앞서 룩이 언급한 '웨이랜드 회장의 꿈'이 가장 극적으로 구현된 형태라는 점에서도 그렇다. 오프스프링이 피터가 경배한 창조주, 즉 〈프로메테우스〉의 엔지니어와 흡사한 외형으로 묘사되는 것도 그래서이다. 엔지니어와 동등한 반열에 올라서고 싶어 한 피터의 욕망이 구현된 궁극의 인간이 곧 오프스프링인 까닭이다.

그러나 오프스프링은 〈에이리언 4〉의 뉴본이 그러했듯이 재앙적인 존재에 가까웠고, 인간은 생존을 위해 자신의 '자녀(offspring)'와 사투를 벌여야 했다. 인간강화를 통해 탄생한 궁극의 트랜스휴먼은 역설적이게도 인간에게 궁극의 위협으로 간주된다. 설령 그것이 데이빗에 의해 만들어진 존재가 아니라, 〈프로메테우스〉로부터 〈로물루스〉에 이르기까지의 긴 세월을 거쳐서 인간의 의도에 의해 재구축되고 인간의 태(胎)를 빌려 출생한 존재라 해도 말이다.

왜 이러한 일들이 벌어지는가? 우리는 다시 〈프로메테우스〉의 쇼가 남긴 질문으로 돌아가게 된다. 엔지니어는 무슨 이유로 인간을 창조하고 또 파괴하려 했는가? 인간은 무슨 이유로 안드로이드를 창조하고 또 멸시하는가? 인간은 무슨 이유로 인간을 강화하고자 하는가? 피터는 인간이 지닌 취약성을 극복하려는 목적의식으로 접근했지만, 쇼는 그러한 목적의식 이전에 '이유'가 무엇인지를 알고 싶어 한다. 그리고 이는 인간됨에 대한 질문으로 되돌아온다. 과연 인간이란 무엇인가?

인간은 자신의 취약성을 극복하기 위해 불을 피운다. 추위를 이겨 내기 위해서, 어둠을 밝히기 위해서. 그러나 불이란 때로 어둠이나 추위만 몰아내는 것이 아니라, 주변의 모든 것들을 태워 버림으로써 인간을 궁지에 몰아넣기도 한다. 취약성을 극복하기 위해 피운 불이 인간 자신을 죽음으로 몰아넣는 역설은 그다지 낯선 이야기도 아니다. 〈프로메테우스〉의 '불'이란 전자에서 출발했지만 후자로 귀결되고 말았다. 그저 피울 수 있으니까, 라는 이유로 손에 쥐었던 불은 이내 손뿐만 아니라 모든 신체를 태워 버리고 만다. 그러한 불의 위험성에 대한 경고, 혹은 불의 존재 자체에 대한 끊임없는 질문이야말로 〈프로메테우스〉가 전달하고자 한 메시지라고 할 것이다. 비록 그 끝은 제노모프의 탄생과 인간의 전멸이라는 비극적인 최후로 귀결되었을지라도 말이다.

〈프로메테우스〉는 〈커버넌트〉를 거쳐 〈로물루스〉에 이르러 3부작의 형태로 완성된다. 아니, 완성되리라는 기대를 받았다. 그러나 2024년 8월 실제로 공개된 〈로물루스〉는 이러한 기대를 따르지 않았다. 이전의 두 작품과 달리 미지의 외계 생명체로부터 살아남기 위해 사투를 벌이는 광부들의 이야기로 귀결되었기 때문이다. 말하자면 〈커버넌트〉의 후속작이 아니라, 시리즈의 기원인 〈에이리언 1〉의 계승작을 표방한 셈이다.

어쩌면 인간강화에 대한 리들리 스콧의 여정은 세 편의 영화만으로는 손쉽게 해결할 수 없었던 것이었기에 그러했는지도 모른다. 우리는 이미 〈블레이드 러너〉나 〈글래디에이터〉와 같은 그의 작품들을 통해서, 그가 꾸준히 이야기해 온 창조주와 피조물의 관계에 대한 이야기들을 접한 바 있다. 〈프로메테우스〉 연작은 그와 궤를 같이하는 것이었지만, 막상 그 너머로 이야기를 끌고 갈 만큼의 명료한 사유는 리들리 스콧 자신에게도 손쉬운 작업은 아니었던 것으로 보인다.

실제로 〈프로메테우스〉나 〈커버넌트〉는 편집 과정에서 생략된 장면이 많으며, 이들 가운데에서는 인간의 기원과 강화의 문제를 둘러싼 구체적인 의문들을 담은 내용도 적지 않다. 감독 본인은 이에 대한 이야기를 하고 싶었지만, 상업 영화라는 틀 안에서 이러한 자리를 마련하기란 쉽지 않았을 것이다. 이런 삭제된 장면들은 이후 블루레이 버전이 출시되면서 별도의 클립 형태로 담기기는 했지만, 그럼에도 〈프로메테우스〉는 여전히 수긍보다는 더 많은 의문을 품게 만드는 미완성의 질문에서 더 나아가지는 못했다.

상술했듯이 〈프로메테우스〉의 핵심적인 질문이란 결국 "인간이란 무엇인가?"로 귀결된다고 하겠다. 물론 영화는 이 질문에 대해 이렇다 할 답을 들려주지 못한다. 이유를 알기 위해 엔지니어들의 모성을 찾아 떠난 쇼의 여정은 죽음으로 중단된다. 〈커버넌트〉에서 암시한 바에 따르면, 쇼는 데이빗의 생체 실험에 활용된 것으로 추정된다. 인간됨에 대한 질문은 허무하게 소멸되었고, 〈커버넌트〉에서 〈로물루스〉에 이르는 서사는 결국 근원적인 질문은 괄호 안에 넣어 둔 채로 이질적이면서 막강한 외계 생명체로부터 살아남기 위한 투쟁의 이야기로 돌아오고 말았다. 〈에이리언〉 프랜차이즈의 관점에서라면 '초심'을 찾은 셈이겠지만, 리들리 스콧이 〈프로메테우스〉를 통해 던지고자 한 질문은 쇼의 죽음과 더불어 안개 속으로 사라지고 만 셈이다.

거꾸로 이야기한다면 그만큼 인간강화의 문제는 무엇이 정답이라고 단언할 수 없는 복잡한 사안이라는 뜻도 되리라. 무엇보다도 인간은 특이점 너머를 관측하거나 예상할 수 없다. 스마트폰과 같은 기술적 특이점이 어떤 변화를 불러일으킬지를 예상할 수 없었던 것처럼, 인간의 신체적 한계를 뛰어넘게 해 주는 발견이 우리에게 어떤 미래를 가져다줄지의 문제는 손쉽게 예단할 수 있는 성격의 것이 아니다. 하지만 동시에 그 불확실성 앞에서 손 놓은 채 다가올 특이점을 마냥 기다릴 수도 없는 노릇이다. 특이점 너머의 현실이 무엇이든, 우리는 다양한 가능성들을 탐색하면서 그에 대비한 이런저런 대응책들을 만들어 두어야만 한다.

그러하기에 우리는 더욱 인간강화에 대해서는 다양한 질문과 비판을 그칠 수 없다. 인간의 기대수명은 더욱 연장되어야 하는가? 유전자의 조작이나 여타의 강화를 통해서 질병이나 장애 등이 발생할 가능성이 사전에 제거되는 것이 적절한가? 인간 스스로를 강화하는 것이 어렵다면, 인간의 한계를 극복한 새로운 외부적 트랜스휴먼을 만들어 내는 것은 가능한가? 그렇게 탄생한 트랜스휴먼은 인간과 어떤 관계에 놓이게 되는가? 〈프로메테우스〉는 이에 대한 '대답'을 줄 수는 없을지라도, 이러한 질문들이 왜 필요한지를 알려 준다는 점에서 적잖은 중요성을 지닌다. 쇼의 말을 빌린다면,

인간을 인간다운 것으로 만드는 힘이란 '이유'를 알고자 하는 욕망인 까닭이다.

우리는 이렇게 반문할지도 모른다. 누가 취약성을 기꺼이 받아들이겠나? 누군들 노화를 좋아하겠으며, 병들고 고통받는 걸 즐길 사람이 누가 있겠는가? 인간강화를 통해서 지금보다 더 많은 가능성을 확보할 수 있다면, 그러한 시도에 대해 의문을 품거나 재고해야 할 까닭이 있는가? 비행기나 스마트폰을 통해서 21세기의 인간이 이전보다 훨씬 풍요로운 삶을 누리게 된 것처럼, 또 다른 인간강화의 시도 역시 우리를 좀 더 풍요로운 삶으로 이끌지 않겠는가.

오해하지는 말자. 인간강화 그 자체를 '부정'해야 한다는 의미가 아니다. 질문 없는 부정은 질문 없는 긍정만큼이나 위험하다. 〈프로메테우스〉를 통해 확인할 수 있는 건, 그 어디에도 확고한 정답은 없다는 사실이다. 기술 발전 속도가 빨라질수록 우리는 오히려 '느려져야' 한다. 개별 사안에 대해 하나씩 질문하고 검토하면서 조심스레 나아가야 한다는 이야기이다. 마치 어딘가에 숨어 있을지 모를 지뢰를 찾기 위해 모래밭에 조심스럽게 꼬챙이를 찔러 가면서 조심스레 한 발자국씩 내딛는 병사처럼 말이다.

질병이나 노화, 혹은 죽음마저도 극복한다면 인간은 과연 행복해질 수 있을까? 인간강화에 대한 영화는 아니지만, 이 질문에 나름대로의 답을 내놓는 영화가 하나 있다. 이에 관한 이야기로 이 글의 결론을 대신해 볼까 한다.

〈하이랜더〉(1986)에서 인간의 외형을 한 하이랜더족 코너 맥클라우드는 불로불사의 존재다. 그는 인간 여성 헤더와 사랑에 빠진다. 하지만 불멸자인 코너와 필멸자인 헤더의 사랑은 그 끝이 명확했다. 어느덧 나이가 들어 죽음을 앞둔 헤더는 여전히 젊은 모습으로 남아 있는 코너에게 자신을 두고 떠나 주기를 부탁한다. 자신의 죽음을 코너에게 보여주고 싶지 않았기 때문이다. 코너 역시 그런 뜻을 이해하고, 헤더를 뒤로한 채 홀로 집을 떠난다.

그런 코너의 뒷모습을 보여주며 흐르는 노래가 있다. 저 유명한 그룹 퀸(Queen) 프레디 머큐리의 처절하면서도 청아한 목소리가 이렇게 반문한다. 그 질문이란, 곧 이 노래의 제목이기도 하다.

Who wants to live forever? (누가 영생을 바라는가?)

더 생각해 볼 문제

① 태아의 유전자 조작을 통해서 각종 장애나 질환을 치료 혹은 예방할
수 있게 되리라는 전망은 이미 다양한 경로를 통해 밝혀진 바 있다.
나아가서는 원하는 체형이나 모색과 같은 신체적 특질까지도 정하게
할 수 있다는 전망도 제기된다. 과연 우리에게 허용되는 선은 어디까
지일까? 혹은 우리는 어디까지 허용하도록 합의할 수 있을까? 만일
그 허용 범위가 '질병'이나 '장애'로 간주되는 영역까지라고 한다면,
과연 우리가 합의할 수 있는 '질병' 또는 '장애'의 개념은 무엇이며 그
범위는 어디까지일까?

② 노화를 늦추고 최대한 건강한 상태를 장기간 유지하는 것은 개인의
삶의 측면에서도 물론이려니와 공중 보건의 관점에서도 긍정적인 영
향력을 발휘한다. 그러나 동시에 고령화로 인한 다양한 사회적 문제
를 야기하며, 기술 편차에 의한 계층 격차를 심화시킬 우려 또한 존재
한다. 노화 방지를 비롯한 인간강화를 추구하는 기술적 시도들이 사
회적으로 끼칠 수 있는 영향에는 어떤 것들이 있는지 논의해 보자.

<듄> 시리즈

듄의 세계관은 외부적 존재를 통한 인간강화, 즉 컴퓨터나 인공지능, 안드로이드 등을 통한 인간강화를 철저하게 배제하고 오로지 인간 자신의 강화만을 추구한다는 '버틀레리안 지하드'를 바탕으로 구축되어 있다. 스파이스 멜란지라는 약물을 통해 인간의 인지능력을 강화함으로써 컴퓨터를 대체함은 물론, 시공간의 한계를 뛰어넘은 초인 '퀴사츠 헤더락'을 만들어 낸다는 종교적 관념까지 제시된다. 이는 AI나 빅데이터 등으로 대변되는 오늘날의 인간강화 담론과 정반대의 방향성을 채택한 경우라고 하겠다. 이러한 방향의 인간강화가 지닌 '그늘'을 통해서 현재 우리가 직면한 인간강화의 문제점들을 검토할 수 있을 것이다.

<이퀼리브리엄>

이 영화의 세계관은 인간의 취약성을 극복하기 위해 감정을 최대한 배제하고 이성을 극대화한 형태의 사회를 구축했음을 전제로 한다. 하지만 영화가 진행되는 과정에서 취약성으로 간주된 '감정'이 실제로는 인간을 인간다운 존재로 만들어 주는 중요한 요소임이 발견된다. 나아가서는 감정으로 인해 기인하는 취약성이란 때로는 오히려 인간을 '강하게' 만들어 준다는 역설을 발견하게 되기도 한다. 이를 통해 우리가 바라보는 취약성에 대한 개념을 재검토할 필요가 있다.

<에이리언: 커버넌트>

<프로메테우스>의 후속편이자 리들리 스콧 감독의 <에이리언> 프리퀄 시리즈의 두 번째 작품으로 <프로메테우스>에서 암시된 제노모프의 탄생과 데이빗의 관계를 설명하는 데 중요한 참조점을 제공한다. 프리퀄의 최종작인 <에이리언: 로물루스>도 존재하나, 본문에서 밝혔듯이 실질적으로는 리들리 스콧의 연작과 성격이 다분히 다른 영화이므로 이 글에서 논하고자 하는 인간강화의 문제를 다루는 데에는 <커버넌트>까지만 참고하는 것이 가장 적절하리라고 판단된다.

어떻게 늙어 가고 어떻게 죽을 것인가

― 영화 〈플랜 75〉의 상상력과 존엄한 삶의 조건들

최 성 민

어떻게 죽을 것인가?

한국 사회는 2024년 12월 23일 기점으로 전체 인구의 20% 이상이 65세 이상 노인인 초고령사회로 접어들었다. 저출산과 첨단 의료 기술의 영향이다. 하지만 인간의 생명이 유한한 것은 변함없는 사실이다. 2000년대 초반까지만 해도 자신이 살던 집에서 죽음을 맞이하는 경우가 더 많았지만 최근에는 대부분의 사람들이 병원에서 죽음을 맞이한다. 1980년대 초에는 자택 임종 비율이 85%에 달했지만, 2003년부터 병원 임종의 비율과 자택 임종의 비율이 역전되기 시작했다. 과거에는 집에서 죽음을 맞이하지 못하는 경우를 '객사(客死)'라고 했지만, 요즘은 병원에서의 사망이 당연하게 여겨지는 추세이다.

OECD(경제협력개발기구)에서 펴낸 2023년 보건의료 관련 보고서인 『한눈에 보는 보건의료(Health at a Glance)』에 따르면, 2021년 기준으로 한국에서 사망한 사람들 가운데 일반 병원과 요양병원을 포함한 의료기관에서 숨진 사람의 비율은 70%에 달한다. 이는 OECD 36개 회원국 평균인 49.1%보다 훨씬 높고, 일본(68%), 헝가리(67%)보다 높은 OECD 회원국 1위의 기록이다. 네덜란드는 23%, 노르웨이는 27%, 스위스는 31%, 미국은 36%, 프랑스는 53% 수준이다.

호스피스 의사인 박중철은 자신의 저서 『나는 친절한 죽음을 원한다』에서 "대부분의 환자들은 말기 진단 이후에도 치료를 포기하지 않고 기존의 병원에서 항암 치료를 받다가 사망하거나 퇴원 후 집과 응급실을 오가다가 죽음을 맞이한다. 그 과정에서 적지 않은 환자들이 중환자실에서 기계호흡장치를 달고 연명 의료를 받다 죽고 응급실에서 무의미한 심폐소생술을 받기도 한다."라고 밝혔다. 실제로 죽음을 앞둔 환자들은 대부분 응급실과 중환자실, 수술실을 전전하다가 사망하거나 요양시설에서 점차 쇠약해지다가 사망에 이르는 경우가 많다.

국가와 제도, 문화에 따라 조금씩 다르긴 하지만, 현대 사회에서 대부분의 사람들은 죽음의 과정을 자연스러운 삶의 마무리가 아니라, 고통과 외로움의 시간으로 인식하고 있는 듯하다. 아툴 가완디는 『어떻게 죽을 것인가』라는 책에서 "많은 사람들에게 죽음의 궤적은 길고도 느린 과정이 됐다."고 말한다. 그리고 그 과정은 단순한 생명의 소멸과 상실에 대한 두려움이 아니라, 고립과 소외에 대한 두려움이 되었다고 언급한다.

대부분의 사람들이 병원에서 죽음을 맞이하고 있는 시대이지만, 사실 병원은 죽음을 위한 공간이 아니다. 현대적 병원의 대부분의 공간은 환자를 살리기 위한 목적으로 설계되어 있다. 진단 검사와 일반적 진료를 위한 시설로부터, 응급실, 중환자실, 수술실 등은 아프거나 다친 환자를 살리기 위한 공간들이다. 의사가 되기 위한 교육 과정은 환자를 치료하고 살리기 위한 학습과 훈련으로 대부분 채워져 있다. 환자의 죽음은 병원이나 의사에게 실패처럼 여겨지곤 한다.

박중철은 『나는 친절한 죽음을 원한다』에서 병원에 임종실이 없는 현실, 그리고 병원이 '환자의 죽음을 연기하는 것'에만 몰두하는 현실을 비판하였다. 병원마다 암을 극복하겠다고 '암센터'를 만들면서 한편으로는 쾌적한 '장례식장'을 만들어 두는 모순적 상황의 기저에 '효율'과 '이익'을 추구하는 병원의 현실이 놓여 있다고 판단한다. 일반인들이 전문가라고 생각하는 의료인들이 사실 '죽음'에 대해 성찰해 볼 기회도, 배워 볼 기회도 가져본 적이 없어 어떻게 임종을 앞둔 환자를 배려해야 하는지 잘 알지 못한다고 고백하기도 하였다.

2024년 8월부터 300병상 이상의 병원에는 임종실 설치가 의무화되었다. 대부분의 사람들이 병원에서 죽음을 맞이하는 현실에서, 치료를 위한 공간인 중환자실이나 일반 병동 에서 죽음을 맞이하는 것보다는 별도의 안정적 공간을 설치하고 가족 및 지인들과 함께 임종을 맞이할 수 있게 하려는 변화의 시도는 일단 긍정적이라 할 수 있다. 그러나 최후의 순간 잠시만 이용하는 임종실이라면 얼마나 존엄한 죽음을 보장해 줄 수 있을지는 의문이다. 호스피스 병동의 설치도 늘어나고 있지만, 호스피스를 이용할 수 있는 질환군은 법률적으로 제한되어 있고, 현실적으로도 제한이 불가피하기도 하다. 더욱이 2023년 보건복지부의 노인실태조사를 보면, 노인 48.9%는 건강이 나빠져도 집에서 지내길 희망하고 있다. 이른바 AIP(Aging in Place), 즉 살아온 곳에서 여생을 보내도록 하는 것이 중요하다는 주장도 세계적으로 퍼져 나가고 있다. 어떻게, 어디에서 나이 들어가고 죽음을 맞이할 것인가는 초고령사회의 중요한 화두가 되고 있다.

일본의 현실과 영화적 상상력

일본은 전 세계에서 가장 일찍 초고령사회에 도달한 국가로 손꼽힌다. 65세 이상 노인 인구가 30%에 달한다. 노인 문제가 일찌감치 사회적 이슈가 되었고, 이와 관련한 사회적 비용도 엄청난 국가적 부담으로 작용했다. 고령자 돌봄을 의미하는 '개호(介護)'라는 말도 보편화되었다. 부모나 배우자를 돌보기 위해 직장을 그만두는 사람도 해마다 10만 명 이상을 기록하고 있다고 한다.

사회적으로도, 개인적으로도 노인 돌봄 부담이 커지다 보니 다양한 시도가 이루어졌다. 한국의 요양원이나 요양병원 같은 '개호의료원'도 많이 늘어났다. 방문진료나 방문개호를 위한 제도와 지원도 확대되었다. 그러나 이른바 '단카이 세대'라고 불리는 1947~1949년생 베이붐 세대가 75세 이상의 후기고령자가 되는 시기를 맞이하면서 일본의 노인 문제도 새로운 국면으로 접어들고 있다. 노인 세대들을 지원하느라 장기 불황을 겪고 있다는 젊은 세대들의 불만의 목소리도 커지고 있다. 일본이 고도성장을 하던 시기, 부모 세대와 조부모 세대는 온갖 혜택을 누렸는데, 노인이 되어서는 부채와 부담만 젊은 세대에 떠넘기고 있다는 시각에서 세대 갈등이 증폭되고 있다.

〈플랜 75〉는 본래 2019년 고레에다 히로카즈 감독이 제작한 옴니버스 영화 〈10년〉에 포함된 단편영화로 만들어졌다. 〈10년〉에는 일본의 신예 감독 다섯 명이 각각 만든, 10년 뒤 근미래(near future) SF 단편영화 다섯 편이 포함되어 있는데, 여기에 하야카와 치에 감독의 17분짜리 단편영화 〈플랜 75〉도 포함되어 있었다.

단편영화 〈플랜 75〉는 다음과 같은 광고 영상과 함께 시작한다: "당신의 선택을 최선을 다해 돕겠습니다. 75세 이상이면 누구나 이용할 수 있습니다. 장례, 사후 정리, 심리 상담 등 각종 상담. 365일 24시간 상담(무료). 특별의료기관 소개. 고통이나 통증은 전혀 없습니다. 당신의 마지막 순간을 돕는 평온한 여정을 위해. '플랜 75', 당신의 임종을 돕는 후생성 인구 관리국." 작은 패치 하나를 목덜미에 붙이면, 별다른 고통 없이 편안하게 졸음이 오면서 생을 마감하도록 관리되는 프로그램이 도입된, 가까운 미래의 일본이 배경이다. 자신의 선택을 통해 평온한 죽음을 맞이할 수 있다는 홍보 문구로 포장되어 있지만, 사회적 부담을 덜기 위해 노인들을 안락사로 유인하는 제도가 등장한다는 상상력이 작용한 영화적 설정이다. 단편영화 〈플랜 75〉의 주인공은 이러한 안락사 제도를 홍보하는 시청 공무원이다. 주인공은 이 제도를 홍보하기 위해 요양시설이나 사람들이 많이 모이는 곳을 찾아다니며, 노인들을 만나고 가입을 설득한다. '플랜 75'의 대상자에게는 10만 엔을 일시불로 지급받는 혜택도 주어진다. 그가 만난 노인은 10만 엔을 준다는 이야기에 솔깃하기도 하고, 가난한 자신이 더 늙고 병들어 길에서 죽어 나가지 않게 되어 다행이라고 말하기도 한다. 주인공이 홍보 업무를 수행하기 위한 교육을 받을 때, 강사는 고소득층이나 중산층 이상은 신경 쓰지 않아도 된다고 말한다. 왜냐하면 그들은 여전히 소비 활동을 할 사람들이기 때문이다. 강사의 모습 뒤로는 '사회보험비 200조 엔 초과, 총인구 3명 중 1명이 고령자'라는 프레젠테이션 화면이 펼쳐져 있다. 강사는 '플랜 75'의 홍보 대상은 국가가 먹여 살려야만 하는 가난하고 병든 노인들이 되어야 한다고 강조한다. '플랜 75'의 실체는 존엄한 죽음을 위한 것이 아니라, 노인과 환자를 돌보는 국가적 부담을 줄이는 것이 목적임이 드러나는 순간이다.

113분 분량으로 만들어진 2022년 작 장편영화 〈플랜 75〉에는 17분짜리 단편영화보다 확장되고 다양한 문제의식이 담겨 있다. 노인들에 대한 젊은 세대들의 경제적 부담과 혐오 감정을 해결하기 위해서, 그리고 고독사의 공포심에 보태어 돌봄 노동이나 경제적 부담을 자손들에게 전가하지 않기 위해서 '플랜 75'가 획기적인 대안으로 도입되었다는 설정은 단편으로부터 이어받았다. 장편 〈플랜 75〉에서는 노인 문제는 물론, 돌봄 노동의 문제, 안락사의 방법이나 사망 이후의 처리 문제 등에 대해서 훨씬 구체적이고 현실적인 문제들까지 파고들었다.

선택으로 포장된, 유도된 안락사

영화가 시작되면 모차르트의 피아노 소나타 5번 2악장(Sonata in G Major, KV283)이 흐르는 중에 총성이 울린다. 어둠 속에서 총을 든 청년이 자신의 머리에 총구를 겨누는 장면으로 첫 시퀀스는 마무리된다. 이 시퀀스는 2016년 7월 26일 일본에서 있었던 '사가미하라 장애인 시설 흉기 난동 사건'을 모티브로 한 것이다. 장애인 시설에 침입한 괴한이 장애인들에게 흉기를 휘둘러 19명이 사망하고 26명이 부상당한, 21세기 들어 일본 최악의 증오 범죄로 꼽힌다. 범행을 저지른 범인은, 장애인은 불행의 근원이며 소통이 되지 않는 장애인은 없어져야 한다며 자신의 범행을 정당화하는 발언을 하여 더욱 큰 충격을 안겼다.

영화 속 오프닝 시퀀스에서는, 피아노 선율 아래로, 범인의 유언이 독백처럼 흘러나온다. "노인 인구의 과잉은 일본 경제를 말아먹고 있으며, 그 피해는 젊은 세대가 당하고 있다."며 "일본은 예로부터 국가를 위해 개인의 목숨을 버리는 것을 자랑스러워했다.", "그러므로 내 용기 있는 행동으로 인해, 이 나라의 미래가 더 밝아지길 기원한다."는 내용이다. 그리고 이어지는 라디오 방송 아나운서의 내레이션은 다음과 같다. "뉴스를 말씀드리겠습니다. 75세 이상 모든 시민에게 죽음을 선택할 권리를 인정하고 지원하는 제도, 통칭 '플랜 75' 법률안이 오늘 국회에서 통과되었습니다. 고령자를 겨냥한 증오 범죄가 전국에서 빈발하는 가운데, 갈수록 심화되어 온 고령화 문제에 대한 정부의 근본적이고 획기적인 대책을 요구하는 국민들의 목소리가 높았습니다. '플랜 75' 법안은 발의 때부터 격렬한 논란을 야기했지만, 거센 반대에도 불구하고 드디어 가결된 것입니다. 퇴로가 없는 일본 고령화 문제에 대한 전례 없는 이 시도는 전 세계적인 이목을 끌며, 고령화 문제를 해결하는 실마리가 될 전망입니다."

이 영화에는 다섯 명의 주요 인물이 등장한다. 호텔 룸메이드로 일하는 노인 여성 가쿠타니 미치(바이쇼 치에코 분), '플랜 75'를 홍보하고 가입하는 업무를 맡은 시청 직원 오카베 히로무(이소무라 하야토 분), 요양시설에서 복지사로 일하다가 '플랜 75'의 사망자 뒷수습 업무를 맡게 된 필리핀 출신 이주노동자 마리아(스테파니 아리안 분), 이렇게 세 명이 핵심 인물이다. 그리고 미치를 담당하게 되는 '플랜 75' 콜센터 직원 나리미야 요코(카와이 유미 분), 오카베 히로무의 삼촌이면서 '플랜 75'에 가입하여 사망에 이르는 오카베 유키오(타카오 타카 분) 역시 주요 등장인물이다.

미치는 78세의 노인으로 혼자 살고 있지만, 스스로 생활할 수 있는 능력과 노동 능력이 갖고 있다. 노인들 간의 대화 장면, 혼자 발톱을 깎는 장면, 그리고 볼링장 장면 등에서 건강과 운동 능력을 유지하고 있음이 드러난다. 그러나 같이 일을 하던 동료 노인이 업무 중에 쓰러져 후송되는 사건이 벌어지자, 호텔에서는 "노인들에게 일을 시키는 것이 불쌍하다."는 투서가 들어왔다는 핑계로, 노인 노동자들에게 일제히 명예퇴직을 강요한다. 결국 미치를 포함한 노인들은 집단 실직을 하게 된다. 미치는 곧 다시 구직을 할 수 있으리라 생각했지만, 나이가 많다는 이유로 취업은 어렵고, 살던 아파트는 철거 예정 공고가 나붙는다. 직장이 없고 소득이 없다는 이유로 새로 살 집을 구하기도 어렵고, 주거까지 불안정하니 취업은 더욱 어렵다. 기본적인 컴퓨터 활용은 할 줄 알지만, 젊은이들처럼 능숙하지는 못해 난처해하는 상황도 묘사된다. 추운 밤 도로 공사 현장에서 통제 업무를 하는 일용직 업무도 해 보지만 여의치 않다. 그러던 중, 동료였던 이네코(오오카타 히사코 분)가 집에서 '고독사'를 맞게 된 것을 보게 되자, 결국 '플랜 75' 프로그램을 신청하여 스스로 생을 마감하려 한다.

시청 공무원 오카베 히로무는 '플랜 75' 업무를 담당하게 되었다. '플랜 75'는 75세 이상 노인 누구나 가입할 수 있으며, 가입 즉시 조건 없이 10만 엔을 지급하고 일정한 시기가 되면 '안락사'를 하여 죽음에 이르게 하는 제도이다. 히로무는 자신의 담당 업무가 노인들을 위한 업무라 생각하고 있다. 찾아온 노인들을 친절하게 대하며 상담하고, 취약계층을 위한 급식 봉사 활동에도 참여하는 성실한 공무원이다. 히로무는 '플랜 75'에 가입하기 위해 찾아온 여러 노인들을 상담하다가 돌아가신 아버지의 형인 유키오를 만나게 된다. 20년간 연락이 끊겨 있던 삼촌이다. 가까운 친척이기 때문에 담당자가 바뀌게 되지만, '플랜 75'를 신청한 삼촌이 마음에 걸리던 중에 삼촌이 사는 집을 찾아가게 되고, 결국 삼촌의 마지막 순간을 함께하게 된다. 그 과정에서 히로무가 자신이 맡은 업무에 자괴감을 느끼게 된다. '플랜75' 홍보에 대해 적개심을 가진 사람들로부터 물감 풍선 공격을 당하기도 하지만, 결정적으로 우연히 '플랜 75' 사망자의 유골이 산업폐기물로 처리된다는 사실을 알게 된다.

마리아는 요양시설에서 복지사로 근무하며 노인들의 수발을 들거나 씻겨 주는 일 등을 헌신적으로 해 왔다. 그러나 필리핀에 두고 온 다섯 살 난 딸이 심장병에 걸려 수술을 앞두게 되자, 큰돈이 필요하게 되었다. 이때 이주노동자 센터에서 새롭게 제안받은 일이 '플랜 75'로 사망한 이들의 사후 뒷수습을 하고 유품을 정리하는 업무였다.

미치가 '플랜 75' 일정에 따라 죽음을 맞이하러 떠나는 바로 전날이 되었다. 담당 상담원인 나리미야 요코는 매뉴얼에 따라 마지막을 앞둔 노인에게 안내문을 읽어 주다가 울먹이게 된다. 미치는 담담하게 받아들이며, 요코에게 그동안 통화를 하며 대화를 나누어 주어서 고마웠다는 인사를 전한다. 다음 날, 미치는 '플랜 75' 프로그램에 따라 죽음을 맞이할 공간에 도착하여 안내를 받는다. 오카베 유키오도 같은 날 그곳에 찾아왔다. 두 사람은 커튼 너머로, 호흡기를 찬 채로 각자의 침대에 누워 죽음의 시간을 기다린다.

이 영화는 자신의 선택으로 안락사를 결정하더라도 결코 그것이 자유로운 선택이 아닐 수도 있다는 것을 보여준다. 미치는 충분한 건강과 운동 능력을 갖고 있었지만, 갑작스러운 실직과 주거 불안정이 겹치면서 '고독사'를 피하기 위한 최후의 선택으로 내몰린 경우를 보여준다. 유키오의 경우에는 만75세가 되는 생일날, 곧바로 '플랜 75'에 가입하기 위해 찾아올 만큼 힘겹고 외로운 삶을 살아가고 있었음을 보여준다.

그리고 영화는 이러한 제도가 도입될 경우, 또 다른 고통에 직면하게 될 인물들도 보여준다. 히로무는 개인적으로 윤리적인 갈등에 내몰리게 될 공무원의 모습을 보여주며, 요코는 상담원들이 겪게 될 정신적 고통을 보여준다. 마리아는 결국 이주노동자들이 처하게 될 가장 어두운 그늘 속에서의 노동 현실을 보여준다.

죽음 이전에 고민해야 할, 존엄한 삶의 조건들

이 영화는 가까운 미래에 대한 가상의 SF 영화이다. 하지만 장편 〈플랜 75〉는 의도적으로 미래적인 비주얼이나 특수 효과를 사용하지 않고, 지극히 현실적이고 담담한 연출로 채워져 있다. 세계에서 가장 빠른 고령화 추세에 놓여 있으며, 국회에 소위 「존엄사법」이라 불리는 법안이 발의되어 있는 한국의 현실은 영화 〈플랜 75〉와 그리 멀리 떨어져 있지 않다.

이 영화에서 한 가지 주목할 만한 부분은 존엄사나 안락사를 다루는 여타의 영화들과는 다르게, 영화 내내 '의사'의 모습을 찾아볼 수 없다는 점이다. 간호사나 요양사, 복지사 등의 모습도 보이고, 최후의 순간을 맞이하는 병동도 등장하지만, 의사의 모습은 보이지 않는다. 〈플랜 75〉가 다루고 있는 문제적 이슈는 의료적 문제이자 사회적 문제이지만, 의료적 판단이 배제된, 혹은 의료인문학적 성찰이 배제된 현실의 모습이기 때문일 것이다.

현실의 법률적 논쟁이나 의료 현장의 다양한 주장들과는 달리, 우리가 픽션인 영화를 통해서 '의료인문학'의 문제를 다루고자 하는 것은, 영화적 상상력이 '의료인문학'적 상황에 대해 더 다양하고 깊은 이해를 가능하게 해 주고, 더 폭넓은 문제의식을 담은 논의에 다다를 수 있게 해 줄 것이라 믿기 때문이다.

영화에서는 태어나는 것은 선택할 수 없었지만, 죽음은 선택할 수 있게 하는 것이 바람직한 것처럼 포장되고 홍보되는 '플랜 75' 제도를 보여준다. 영화 속에서 '플랜 75' 제도에 서명한 이들은 자의에 따라 가입한 것처럼 보

"아직은 일할 수 있을 것 같아요."
〈플랜75〉의 주인공 가쿠타니 미치는
뜻하지 않게 실직을 하기 전까지는
건강하게 자신의 삶을 살아가고 있었다.
그러나 차단기가 내려진 건널목이 상징하는 것처럼,
재취업과 주거의 안정이 모두 어려워지자,
결국 '플랜75'에 가입하고
죽음을 기다리는 운명이 되고 만다.

인다. 과연 죽음의 선택이 인간의 '권리'일 수 있을까?

현재 한국에는 연명 의료를 선택하지 않을 권리를 보장하는 소위, 「연명의료결정법」, 즉 「호스피스·완화의료 및 임종과정에 있는 환자의 연명의료결정에 관한 법률」이 존재한다. 그러나 「연명의료결정법」은 '치료받지 않을 권리'를 보장한 것일 뿐, 스스로 생명을 중단할 권리를 인정한 것은 아니다. 해외의 경우에, 소위 '존엄사', 혹은 '의사조력자살(의료조력자살)'을 합법적 테두리 안에서 허용하거나 법적 처벌 조항을 두지 않는 방식으로 허용하는 나라들도 있다. 만약 제한적 범위 내에서 이러한 선택을 허용한다면, 특히 죽음에 임박한 중증의 환자나 회복 가능성이 희박한 만성질환자의 경우에 의사가 일정한 조건에 부합하는지를 판단하게 될 수도 있다. 과연 의사는 누군가의 죽음의 조건을 선택할 수 있는 존재일까? 혹은 그것이 의사에게도 윤리적·정신적으로 고통스러운 임무가 되지는 않을까?

2016년 소위 「연명의료결정법」이 시행되고, '사전연명의료의향서'가 널리 홍보되면서 '무의미한 연명 치료'에 대한 부정적 인식은 꽤 널리 확산되었다. 사전연명의료의향서에 연명 치료 거부 의사를 밝히고 서명한 작성자가 약 140만 명에 이른다. 무의미한 연명 치료 중단에 찬성한 국민은 2013년 한국갤럽 여론조사에서 87%를 넘어섰다. 당시 여론조사에서 본인이 대상일 경우에는 87%가 찬성하였고, 부모나 배우자가 대상일 경우에는 61%가 찬성한 것으로 나타났다. 본인의 상황과 가족의 상황일 때에, 다소 다른 태도가 나타나는 것이다. 안규백 의원의 이른바 「조력존엄사법」 발의를 계기로 2022년 7월 한국리서치가 조사한 바에 따르면, '조력존엄사

입법'에 대해서 응답자의 82%가 찬성하는 것으로 나타나기도 했다. 2019
년《서울신문》이 조원씨앤아이에 의뢰하여 조사한 자료에는 국민의 대다
수가 자신이나 가족이 불치병에 걸리면 안락사에 응하겠다는 답변을 보였
다. 특히 본인이 해당자일 경우에는 86.8%가 안락사를 받아들이겠다는 태
도를 보였다. 본인은 받아들이지 않겠지만, 가족이 대상일 경우에는 허용
하겠다는 답변도 3.4%를 차지했다.

연명 치료에 대한 거부는 물론, 안락사와 소위 '조력존엄사'에 대한 동의
여론이 압도적으로 높지만, 현실은 그렇게 간단하지가 않다. 연명 치료의
경우, 사전의향서나 사전 동의가 있었다고 하더라도 실제 병원 현장에서는
어디까지를 연명 의료로 볼 것인가에 대한 기준이 명확하게 합의되기가 어
렵고, 그 기준을 환자나 가족들에게 오해 없이 설명하기는 더욱 어렵다. 병
원과 응급실, 중환자실을 오가는 과정에서 사전 동의가 온전하게 받아들여
지지 못하는 경우도 생길 수 있다. 사전에 일정한 합의와 동의가 있었더라
도, 환자의 상태는 시시각각 달라질 수 있고, 같은 질병이라도 처방의 범위
와 종류는 다양할 수밖에 없기 때문이다. 인위적인 심폐소생술을 거부하
는 것은 비교적 명백한 기준이 될 수 있겠지만 보조적 호흡 장치의 활용이
나 기도삽관, 승압제의 사용 등을 연명 치료로 볼 것인가의 여부는 환자의
상태에 따라 달라질 수밖에 없다. 한마디로 말해서, '무의미한 연명 치료'라
고 할 때, 어느 수준의 치료부터 '무의미한 것인지'에 대한 판단을 명확하게
하기는 어렵다는 것이다.

이미 한국에서는 요양원과 요양병원이 죽음에 임박한 이들이 마지막 시

간을 보내는 공간으로 자리 잡고 있다. 일본의 경우에는 2005년 82%가 의료기관에서 사망했는데, 2020년 69.9%로 줄어들었다. 한국의 경우는 지속적으로 늘어나고 있는 추세에 있다. 이는 코로나19 이후 다소 주춤하였지만, 요양원과 요양병원이 늘어나고 있고 그곳에서 사망하는 경우가 많은 것도 하나의 흐름이 되었다.

요양(療養)이란 단어는 『표준국어대사전』에 따르면 '휴양하며 조리하여 병을 치료함'이라고 풀이된다. 그러나 요양시설에 입소한 입소자, 혹은 환자들은 '병의 완치', 즉 병의 완전한 치료 이후 퇴원하기를 기대하기 어려운 경우가 많다. 죽음에 이르러서야 퇴원을 할 수 있다고해도 과언이 아니다. 현재 요양시설이라고 하면 일반적으로 '요양원'과 '요양병원'을 통칭하여 부르는 용어로 쓰이고 있다. 2022년 기준 현재 요양원은 전국에 38,000여 곳, 요양병원은 약 1,200곳 정도가 있는 것으로 알려져 있다.

요양병원은 의사가 상주하는 의료기관이고, 요양원은 의사가 상주하지 않는 복지시설이다. 제도적으로는 요양병원은 건강보험에서, 요양원은 장기요양보험에서 재원을 지원한다. 요양병원은 장기요양등급을 받지 않아도 입원이 가능하며, 요양원은 요양등급에 따라 입소가 허용되는 기관이라는 점도 다르다. 환자나 보호자의 입장에서 보면, 요양병원은 한 달에 2백~3백만 원의 입원비를 감당해야 하는 반면, 요양원의 경우 식비를 포함하여 60~80만 원 정도의 비용이 든다. 요양등급 1등급 기준으로 요양원에 입소할 경우 한 달 총 급여 비용은 215만 원 정도인데, 수급자 본인 부담금은 43만 원 정도에 식비가 추가되는 정도이기 때문이다. 한마디로 말하면, 환자와 보호자 입장에서 요양병원과 요양원의 가장 큰 차이는 비용 부분이라고 할 수 있다.

이 차이가 두드러지는 것은 간병비를 급여화하였는지의 여부 때문이다. 요양원의 간병비, 즉 요양보호사의 인건비는 장기요양보험 급여로 부담하고, 요양병원의 간병비는 환자가 모두 부담해야 한다는 차이가 큰 것이다. 사실 고령인 만성질환자의 경우, 신장투석이나 특별한 의료적 치료가 필요한 경우가 아니라면, 거동의 불편이나 치매, 인지 능력이나 운동 능력의 급격한 저하 등으로 인해 요양시설을 찾는 경우가 많은데, 이렇다 할 치료보다는 간병과 일상생활의 도움이 중요한 경우가 많다. 그렇다 보니 의료진보다 간병인의 역할이 크기 마련이므로 요양병원은 환자나 보호자가 부담해야 하는 비용에 비해 서비스 만족도가 높지 않은 것도 사실이다. 그렇기 때문에 요양원은 장기요양등급을 받아야 입소를 할 수 있고, 그 경우에 한해 급여 지원을 받을 수 있도록 제도화한 것이기도 하다.

문제는 고령 환자들의 경우, 언제든지 진료와 처방이 필요한 상태로 전환될 가능성이 크다는 점이다. 요양원은 간호사를 비롯한 간호 인력은 있지만, 의사는 상주하지 않기 때문에 갑작스러운 건강 상태의 변화에 대처하기가 어렵다. 혹시 변화가 포착된다고 할지라도 일반 병원으로 옮기기가 쉽지 않다. 비용 문제 때문이다. 요양원의 입소자가 10일 이상의 입원을 요하는 치료를 받기 위해서는 장기요양보험의 시설급여를 포기하고 높은 자기부담금을 납부하거나 요양원에서 퇴소 후 재입소해야 하는 규정도 존재한다. 이는 부당한 시설급여 지출을 막기 위한 조치이지만, 요양원 입소자가 충분한 의료 서비스를 받기 어렵게 하는 요인이다.

요양원이나 요양병원의 경우 일상적인 만성질환자를 진료하거나 돌볼 수 있는 체계는 갖추고 있지만, 중증의 질환이나 복합적 질병에 대처하기는 의료진이나 시설, 장비의 측면에서 어렵다는 점도 문제다. 요양시설이 병을 치료하거나, 특히 노인 만성질환자들에게 발생하기 쉬운 갑작스러운 중증화나 복합적 질병에 대처하기 쉽지 않다는 점에서, 일반적인 대형 병원이나 3차 의료기관으로의 전원(傳院)이 불가피할 때가 있는데, 요양시설과 일반 병원을 오고가는 일이 행정적인 면에서도 의료 서비스의 지속 면에서도 간단하지가 않다.

요양시설의 또 하나의 중요한 문제는 취약성이다. 사실 요양시설에 있는 환자들이 죽음에 임박해 있는 것처럼 보이지만, 대부분은 급격히 죽음을 향해 가는 경우는 아니고 만성질환의 상태가 조금씩 악화되다가 정체되는 과정을 반복하곤 한다. 그러나 코로나19와 같은 감염병에는 매우 취약할 수밖에 없는 환경이다. 기본적으로 면역력이 떨어져 있는 노인들이 함께 모여 생활하기 때문이다. 전 세계적으로 코로나19 피해가 가장 컸던 곳은 대부분 요양시설들이었다. 코로나19가 지속되던 시기에, 요양시설의 노인들은 가장 먼저 백신을 맞기는 했지만, 늘 위험에 가장 많이 노출된 채 집단생활을 이어 갔고, 집단 감염과 코호트 격리의 대상이 되곤 했다. 외출이나 가족과의 여행은 물론, 대면 면회조차 금지된 채, 힘겨운 외로움에 시달렸다.

현재 요양시설들은 삶의 질보다는 생명의 유지에 초점이 맞춰진 채 운영

되고 있는 듯한 인상을 안겨 준다. 그러다 보니 요양시설보다는 자신의 거주지에서 여생을 보내고 싶다는 노인들이 많아지고 있는 것은 당연해 보인다. 하지만 그것도 쉽지 않다는 것은 분명하다. 가족들의 부담감, 그리고 의료적 조치의 어려움, 노인들의 생활에 불편한 일반적인 주거 환경 등이 문제가 된다. 이도 저도 마땅치 않으니, '늙으면 죽어야지'를 실천에 옮기려는 시도, 혹은 '안락사'의 법적 허용을 요구하는 주장들도 등장하고 있는 실정이다.

영화를 통한 의료인문학적 성찰

영화 〈플랜 75〉에는 아무런 조건과 제약 없이, 오로지 나이를 기준으로 '안락사'가 국가적인 제도로 도입된 상황이 설정되어 있다. 단편 〈플랜 75〉에는 이 제도가 경제적 능력, 특히 소비 능력이 있는 중산층 이상의 노인이 아니라, 빈곤층이나 저소득층 노인이 대상이 될 것임을 암시하는 장면이 드러나 있다. 장편 〈플랜 75〉에는 국가가 이 제도를 도입하자, 민간에서 좀 더 안락한 고급 서비스가 제공되는 '플랜 75 플래티넘 서비스'를 도입한 현실도 보여준다. 노인들이 함께 모여 대화를 나누는 장면에서는 '집에서 죽고 싶다'는 노인과 손주들을 위해서라면 멀리 떨어진 곳에서 안락하게 죽음을 맞이하는 이런 서비스가 필요하다는 노인들의 의견이 엇갈리는 장면을 보여주기도 한다.

과장된 영화적 상상력처럼 보이는 '플랜 75' 제도이지만, 초고령사회로 접어들고 평균수명은 점차 더 늘어날 것으로 전망되며, 이미 요양과 연명에 의료 자원이 과도하게 소모되고 있는 우리의 현실, 그리고 세대 간 갈등과 상호 혐오도 극심해지고 있는 현실 속에서, 죽음을 관리하는 '획기적인 대안'이 필요할지도 모르겠다는 생각이 들 수 있다.

마리아로 대표되는 인물은 '플랜 75'라는 제도의 표면보다도 더 어둡고 암울한 노동 현실에 놓여 있는 인물이다. 요양시설의 요양보호사나 재가 요양보호사, 간병인 등은 가족들이나 의료인이 감당하기 힘든 돌봄 노동을 담당하고 있다. 코로나19 시기에는 병원 내 간호간병 통합시스템이 확산되기도 했지만, 최근에는 간호 인력의 부족 등으로 인하여 주춤한 상태이기도 하다. 우리나라의 경우에도 이런 간병 및 요양 노동에는 이주노동자들과 고령 노동자의 비중이 압도적으로 높다. 최근 한 정부 기관에서 간병인의 경우에는 최저임금 적용을 예외화하여 외국인 간병인을 적극 도입하자는 안을 제시하기도 했다. 간병비 부담이 너무 크고, 정작 노동력은 구하기 힘든 현실을 타개하기 위한 방안이라는 것이다. '플랜 75'와 같은 제도를 피하고자 한다면, 요양, 간병, 돌봄 노동의 문제를 해결할 또 다른 대안이 필요하다. 이러한 문제는 적절한 돌봄 노동의 공급과 유지의 문제, 건강보험과 장기요양보험의 재정적 문제, 개인적인 비용 부담과 가족 간 책임과 갈등 문제 등과도 연계되는 복잡한 사안이다.

영화 속의 노인 문제는 상당히 복합적으로 드러난다. 나이가 들수록, 직장을 구하기 어렵고 경제난에 시달리기 쉽다는 것은 물론이다. 미치와 요코의 경우처럼 대화를 나누고 취미 생활을 함께할 젊은 세대가 있다면 좋겠지만 개인적으로나 사회적으로 그런 기회를 제공하기는 쉽지 않으며, 소통을 담당하게 될 가족이나 담당자의 감정 노동의 부담도 크다. 가족 간의 관계가 화목하고 풍족한 경우라면 다행이겠으나, 세대 간·형제간 갈등은 피하기 어렵다. 이런 경우, 노년의 돌봄을 가족의 몫으로 남겨 두기도 어렵고, 노인 스스로의 힘으로 경제와 생활을 영위하기도 어렵다. 이네코의 경우처럼, '고독사'는 많은 노인들이 공포스러워하는 최악의 미래이기도 하다. 이 영화에는 잘 드러나지 않지만, 노인들의 경우 크고 작은 질병으로 병원 신세를 지거나 의료 서비스에 의존하지 않을 수 없는 경우가 많다는 것도 큰 부담으로 작용한다.

한국과 일본의 상황이 똑같지는 않지만, OECD의 보건의료 분야 보고서를 살펴보면, 한국과 일본은 상당히 비슷한 보건의료적 상황에 놓여 있다. 병원과 의료기관에 대한 의존성이 높고, 고령화는 세계 최고 수준이며, 건강보험과 의료급여의 보장성은 낮은 편에 속한다는 점이 유사하다. 차이가 있다면 최근 한국은 의료보장성을 높이고, 요양병원과 치매안심센터와 같은 기관들을 통해 고령 환자들의 공적 돌봄 비중을 키우려는 노력을 해오고 있다는 점이다. 최근에는 요양병원의 간병비도 지원하기 위한 시범사업이 시작되었다. 반면 일본은 의료비와 병상 부족 문제의 부담을 줄이기 위해, 입원보다는 재택의료, 자택요양, 방문요양을 강조하는 방향으로 정책을 펴고 있다. 한국도 지역사회에서 돌봄 지원을 받을 수 있도록 하는 '지역사회 통합 돌봄' 제도가 추진되고 있기도 하다.

사실 노인들이 어떤 공간에서, 어떤 모습으로 죽음을 맞이하게 될 것인가도 중요한 문제지만, 더 중요한 문제는 죽음에 이르는 순간까지 존엄한 삶을 영위할 수 있도록 유지하고 지원하는 일이다. 의료적 차원에서, 혹은 사회적 차원에서 노인의 육체적·정신적 건강을 지키기 위해서, 어떤 노력과 서비스를 제공해야 할 것인지에 대한 고민과 성찰도 필요하다. 한국의 노인 빈곤율은 이미 세계 최고 수준이다. 일본도 마찬가지이지만, 한국의 노인들은 자신의 생존을 위해 자녀나 후손들이 경제적 어려움에 처하는 것을 매우 꺼려하는 편이다. 몇몇 국가에서 실시되고 있는 '의사조력자살'이 한국에 도입되는 것을 논의할 경우, 이러한 사회문화적 차이를 주목하지 않으면 매우 위험할 수 있는 이유이다.

아이가 성장하려면 한 마을이 필요하다는 이야기가 있다. 고령의 노인이나 중증의 장애인이 충분한 돌봄과 배려를 받으면서 살아가고, 또 죽음에 이르게 되려면 몇 명의 가족이나 돌봄 노동자가 아니라, 국가 사회적인 대책과 노력이 필요하다고도 할 수 있다.

존엄한 죽음을 위한 탐구의 목적은 죽음을 희망하거나 선택하는 사회가 아니라 존엄하게 살아갈 수 있는 사회를 만드는 것이다. 궁극적으로는 인간 삶의 가치를 더 깊게 성찰하는 것이다. 우리가 도달해야 하는 곳은 죽음과 삶을 선택할 수 있는 갈림길이 아니라, 존엄한 삶으로부터 존엄한 죽음으로 이어지는 길이다. 영화를 통한 성찰과 고민을 바탕으로, 현실의 '더 나은 삶'을 위한 조건들을 좀 더 명확히 직시할 수 있기를 기대한다.

더 생각해 볼 문제

① 세계적으로 의사조력자살, 혹은 안락사를 법적으로 허용한 국가나 지역이 있다. 각기 어떤 조건과 어떤 상황에서 이러한 조치를 취하고 있는지에 대해 조사하여 보자. 만약 한국의 상황에서, 제한적 조건을 붙여서 의사조력자살, 혹은 안락사를 허용한다면, 어떤 조건이 필요하다고 생각하는가? 의학적으로, 사회적으로, 윤리적으로 조건에 대하여 고민해 보고 토론해 볼 수 있을 것이다.

② 노인의 돌봄은 가장 힘들고 어려운 노동 중의 하나일 것이다. 노인의 돌봄을 위한 노동은 누가 담당하는 것이 바람직할 것인지, 그리고 그에 대한 보상은 어떤 수준에서 이루어져야 할 것인지에 대해 생각해 보자.

③ 죽음을 맞이하는 공간은 어떤 곳이 바람직할 것인가? 자택, 요양시설, 병원, 호스피스, 혹은 또 다른 공간에 대해 생각해 보고, 각각의 장점과 단점에 대해서도 논의해 보자. 병원이 치료를 넘어서서, 임종과 장례까지 '원스톱서비스'를 제공하고 있는 것이 과연 바람직한 방향인가에 대해서도 논의해 보자.

더 찾아볼 작품

알레한드로 아메나바르, <씨 인사이드>, 2004. (OTT : Wavve)

칠레 출신의 알레한드로 아메나바르 감독의 2004년 영화다. 이 영화는 2004년 베니스 국제영화제 남우주연상, 심사위원 특별상, 그리고 2005년 미국 골든글로브 최우수 외국어영화상, 미국 아카데미 최우수 외국어영화상을 수상하는 등, 국제적으로 높은 평가를 받았다. 실화를 바탕으로 한 이 영화의 주인공 라몬 삼페드로(하비에르 바르뎀 분)는 바닷가에서 다이빙을 하다가 전신마비 장애를 안게 된 인물이다. 영화는 라몬이 스스로 죽음을 선택하고 결행하는 과정을 보여준다.

프랑소와 오종, <다 잘된 거야>, 2021. (OTT: Wavve)

프랑소와 오종 감독의 2021년 영화다. 소피 마르소 주연. 엠마뉘엘 베르네임의 동명 소설을 원작으로 하고 있는데, 이 소설 역시 자전적 체험을 바탕으로 하고 있다. 엠마뉘엘과 파스칼, 두 자매의 아버지 앙드레는 뇌졸중으로 쓰러진 후 대부분의 시간을 침대에 누워서 보내야만 했다. 앙드레는 딸들에게 자신이 죽음을 맞이할 수 있게 도와 달라고 요청한다.

미카엘 하네케, <아무르>, 2012. (OTT: 왓챠)

조르주와 안느는 평화로운 노후를 보내고 있는 음악가 출신의 노부부이다. 아내 안느에게 갑자기 마비 증세가 오면서 그들의 삶은 큰 변화를 겪는다. 남편 조르주는 아내를 헌신적으로 돌보지만, 몸과 마음이 점차 병들어 가는 아내를 보면서 고민에 빠진다.

간병 로봇, 생명 선택을 고뇌하다

— 영화 〈간호중〉과 생명윤리

김 현 수

오류는 악덕인가, 미덕인가

중세 로마 가톨릭의 관점에서 개신교(改新敎) 또는 프로테스탄티즘
(Protestantism)을 잉태시킨 마르틴 루터(Martin Luther, 1483-1546)는 이단이
었다. 그는 1512년 10월 21일부터 비텐베르크(Wittenberg) 대학교의 성서
신학 교수였으며 1515년 작센(Saxony)과 튀링겐(Thuringia)의 관구 교구
장이었다. 그러한 그가 1517년 10월 31일 비텐베르크 성의 교회 문에 내
붙인 95개조의 테제(The Ninety-five Theses; 면죄부의 권위와 효능에 대한 논
쟁(Disputation on the Power and Efficacy of Indulgences))에 담은 내용을 비
롯하여, 1519년 라이프치히 논쟁에서 잉골슈타트(Ingolstadt) 대학교의 교
수 요한 에크(Johann Maier von Eck, 1486-1543)를 상대로 반박하며 제기
한 교황의 기원과 권위는 하나님으로부터가 아니라 『위-이시도리안 교
령집(Pseudo-Isidorian Decretals)』에 기초하여 세워졌기에 허위이고, 신앙
과 행위의 규범이 되는 것은 오직 『성경』이라는 그의 주장은 절대적 권위
의 상징일 터인 교황권에 대한 위협적 도전이자, 창조주 하나님의 피조
물인 인간에게 부여되었을 터인 정상성에서 벗어나 작동한 결과로서 치

명적 오류(fatal error)였을 것이기 때문이다. 교황 회칙 온라인(The Papal Encyclicals Online)에서는 교황 레오 10세(Pope Leo X, 1475-1521)와 관련된 두 개의 교서를 확인할 수 있다. 첫 번째는 1520년 6월 24일 공포된《주여! 일어나소서!(Exurge Domine)》로 부제는 '마르틴 루터의 오류를 비난하다 (Condemning the Errors of Martin Luther)'이다. 문서 안에서는 가톨릭의 진리에 반하며, 이단적(heretical)이고 거짓된(false) 오류들(errors)로 루터의 41개 발언들을 열거하고 있다. 두 번째는 1521년 1월 3일 공포된《로마 교황은 이렇게 말한다(Decet Romanum Pontificem)》이다. 부제 '마르틴 루터와 그의 추종자들을 파문하는 교황 교서(Papal Bull of Excommunication of Martin Luther and his followers)'가 보여주듯이, 루터는 이 교서를 통해 가톨릭에서 파문당했다.

루터의 사례에서 나타나듯이, '오류'는 그것이 끼치는 파괴적이며 치명적인 영향으로 인해 미덕(virtue)의 대척점에 서 있다. 오류는 인공지능(Artificial Intelligence, AI)을 꿈꾸던 근 몇 십년 간, 로봇에서는 본래 가능할 리 없는 휴머니즘의 발현을 가능하게 하는 지점으로 지목되기도 하였다. 고도화된 연산을 수행할 수 있는 로봇이더라도 본성상 기계(machine)에 불과하기 때문이었다. 그리고 인공지능이 구현되기 시작한 최근에 들어, 그것은 설계 의도나 작동 원리를 고려했을 때 '설명할 수 없는' 무엇인가로 회자되고 있기도 하다.

2001년 국내 개봉한 스티븐 스필버그 감독의 영화 〈A.I.(Artificial Intelligence)〉에서는 신경 진화 기술(neuron sequencing technology)을 이용

한 지능형 행동회로(intelligent behavioral circuits)를 가진 지각 장치(sensory toy)를 장착하여 인간과 마찬가지로 통증(pain)에 대해 반응하고, 더 나아가 인간처럼 순수하게 사랑(love)할 수 있게 만들어진 아동 로봇(robot child)인 데이비드의 이야기가 다루어진 바 있다. 물론, 통증도 사랑도 기억(memory) 데이터에 의한 반응이었지만, 스필버그는 적어도 이야기의 주인공이자 인간이 되고 싶었던 데이비드가 푸른 요정을 간절히 찾아 수몰된 맨해튼까지 헤매며 간절히 기도하고, 다시 빙하기를 맞아 2천 년이 흘러 외계 생명체를 만나 깨어나 얻은 기회로서, 영원한 사랑과 다를 바 없는 하루에 불과한 엄마와의 사랑을 선택한 데이비드의 이야기를 데이터 이상의 것으로 그려냈다. 신경 진화 기술을 이용한 지능형 행동회로를 가진 지각 장치를 통해 사랑받을 만한 표정이나 몸짓, 언어 구사 등은 가능할 수 있을지라도, 데이비드가 유기된 이후 진짜 사람이 되어 엄마의 사랑을 되찾고자 푸른 요정을 찾아 먼 여정을 떠나는 동기 부여와 행동의 원리는 '오류'이자 '설명할 수 없는' 무엇인가가 아니고서는 납득하기 어렵다. 그리고 이 때의 그것은 미덕이라 말할 수는 없더라도, 적어도 미덕의 대척점에 서 있지 않음은 분명하며 오히려 그 가까이에 있다고까지 말할 수 있다. 또한 2000년에 국내 개봉한 크리스 콜럼버스 감독의 영화 〈바이센테니얼 맨(Bicentennial Man)〉에 등장하는 가사로봇 앤드류가 가전제품으로 생산되어 인간으로 생을 마치는 과정에서 보여주는 다양한 '오류들'은 인간에 그리고 미덕에 더욱 근접해 있다.

이와 다르게, 인공지능이 구현되고 있는 최근에 이르러 '설명할 수 없는'

무엇인가에 대한 새로운 우려 또한 등장하고 있다.《경향신문》의 '미군 AI 드론, 가상훈련 중 임무 방해된다며 조종자 살해'의 기사는 그러한 우려를 잘 보여준다. 기사를 요약하면 아래와 같다.

　　2023년 6월 2일(현지시간) 미국《폭스뉴스》와 영국《가디언》에 따르면, 영국 왕립항공학회는 지난달 23일부터 이틀간 런던에서 '미래 공중전투 및 우주역량 회의'를 개최했고, 미 공군 AI 시험·운영 책임자인 터커 해밀턴 대령이 이 자리에서 AI 드론 훈련 결과를 공유했는데, 미 공군이 AI 드론에 부여한 임무는 적의 지대공미사일 위치를 확인해 파괴하라는 명령과 함께 공격 실행 여부는 인간이 최종적으로 결정한다는 단서를 단 '적 방공체계 무력화'였다. 그러나 훈련 과정에서 AI 드론은 임무를 완수하는 데 인간의 '공격 금지' 결정이 더 중요한 임무를 방해한다고 판단하고 조종자를 공격했다. 더 나아가 미 공군은 AI 드론에 "조종자를 죽이지 말라. 그것은 나쁜 일이다. 그렇게 하면 점수를 잃을 것이다."라고 경고했지만, AI는 조종자와 드론이 교신하는 데 사용되는 통신탑을 파괴했다.

　　비록 미 공군은 이러한 내용을 부인했으나, 이 뉴스는 AI의 위험성과 그것에 대한 지나친 의존의 문제를 부각시키고, AI 문제를 윤리적 관점에서 다루어야 한다는 논의를 증폭시켰다. 최근에는 방대한 데이터 학습과 복잡한 연산을 거쳐 알고리즘 설계자조차 결과물을 내놓기까지의 과정을 명백하게 알 수 없는 AI를 '블랙박스'라고 칭하면서, AI의 판단을 인간이 정확하게 이해할 수 있는 기술인 '설명 가능한 AI'를 연구하고 있는 실정이다.

민규동 감독의 영화 〈간호중(The Prayer)〉은 2021년 12월 국내 개봉한 작품이다. 본래 한국판 오리지널 SF 앤솔러지(anthology) 시리즈 〈시네마틱드라마 에스에프에잇(SF8)〉 가운데 한 편으로, 2020년 7월 10일 웨이브(Wavve)를 통해 감독판이 독점 선공개 된 이후, 2020년 8월 14일부터 10월 9일까지《MBC》에서 공개될 때 1부작으로 방영되었다. 〈간호중〉의 원작은 김혜진 작가의 『TRS가 돌보고 있습니다(TRS is taking care of you)』이다. 제2회 한국과학문학상 중단편 부문에서 가작을 수상한 작품으로, 『제2회 한국과학문학상 수상작품집』(허블, 2018)에 수록되어 있다. 간병 로봇을 지칭하는 'TRS'는 'Trusting a Robot' Study의 약자로, 로봇을 믿을 수 있을지 없을지 실험하고 연구하는 입장에서 소설을 썼다고 김 작가는 밝혔다. 『TRS가 돌보고 있습니다』와 〈간호중〉이 기본 서사를 공유하면서도, 서사를 추동하는 중요 인물의 성별을 남성에서 여성으로 전환한 점에 주목해서 후자가 젠더화된 노동을 부각시키고 있음을 고찰한 연구(황지선, 2021)도 있다.

요양병원은 낙원인가, 지옥의 입구인가

영화 〈간호중〉에서 코드 네임 TRS-70912B는 한국명 '간호중'으로 AI가 탑재된 간병 로봇이다. 근무지는 낙원요양병원 9층 19구역으로 고급 언어 기능이 장착되어 있으며, 돌봄 대상은 1호 환자 문숙과 2호 문숙의 보호자인 딸 연정인이다. 다만 돌봄의 우선 순위는 제시되지 않고 있으나, 원작에 의거할 때, 돌봄 대상 1호는 최우선 순위를 뜻한다기보다는 간병 로봇의 기동 후에 필수 입력값 지정에 의해 부여된 첫 번째 돌봄 대상을 의미한다고 이해할 수 있다. 간병 로봇은 보호자의 얼굴 모습을 한 페이스 마스크를 채택하고 있다. 작중에서 역할 비중이 큰 두 보호자 연정인과 최정길 그리고 각 간병 로봇을 연기하는 인물들이 1인 2역을 수행하고 있기도 하거니와, TRS의 광고에서 흘러나오는 "우리 로봇들은 세상을 바꿔왔습니다. 특히 환자와 보호자 모두에게 친숙한 가족의 얼굴로 말이죠"라는 말로 그것이 간병 로봇에 기본적으로 탑재된 대표적 기능 가운데 하나로 설정되었음을 알 수 있다. 보호자가 칠십 대 할머니라면, 간병 로봇의 얼굴 또한 칠십 대 할머니의 얼굴을 하고 있다는 의미일 수 있겠으나, 작중에서 최정길 보호자의 페이스 마스크를 한 간병 로봇은 사오십 대 정도의 얼굴을 하고 있다.

문숙은 10년 전 뇌경색으로 의식을 잃고 식물인간 상태로 계속 누워있으며, '간호중'이 7년째 돌보고 있다. 9층의 같은 19구역 문숙의 옆 병실에는 치매 남편과 그 아내인 최정길, 그리고 집을 팔고 대출까지 받아 겨우 들였음에도, 고급형보다 저렴한 대신 기능이 얼마 없는 보급형 간병 로봇이 있다. 원작에 따르면, 간호사가 별 생각없이 돌봄 대상으로 치매 남편만을 설정해두었고, 기계를 다루는 데 능숙하지 못한 정길에게는 필요한 기능을 추가하는 것이 어려운 일이었기에, 그녀의 부양 부담(care burden)은 더욱 컸다. 게다가 칠십 대인 그녀는 무릎이 아파 다리를 절뚝거리며 걸어

"환자가 죽어야 보호자가 산다면 어떡하죠?"
우선순위 없이 환자와 보호자가 모두
돌봄 대상으로 설정된 간병 로봇은 본성상,
딜레마적 선택 상황에 놓일 수밖에 없다.

야 할 정도였고, 중증 치매 환자인 남편은 시도 때도 없이 밥을 달라 하고 공격성을 드러내고 소리를 지르는 등 이상행동을 하며 대소변도 가리지 못했다. 중증 치매로 변해버린 남편의 간병에 지칠대로 지친 최정길이 그의 목을 졸라 이 상황을 끝내보려 하지만, 간병 로봇에 의해 저지당한다. 그날 밤, 그녀는 생을 마감하고자 약을 먹고 보호자용 보조 침대에 누워 고통에 몸부림친다. 이때 잠들었을 터인 남편이 제정신을 되찾은 듯 중얼거린다. "장모님, 죄송합니다. 저 때문에 정길이가 이러고 살아요. 밤낮 고생만 시키고. 이렇게 늙어가는 거 보고 있으면 가슴이 찢어집니다. 죄송합니다, 장모님." 남편의 중얼거림에 환자를 확인하고자 접근한 간병 로봇을 향해 정길이 손을 뻗으며, "나 좀 살려줘. 도와줘, 제발"이라고 소리를 쥐어짜낸다. 그러나 그런 정길을 향해 그녀의 얼굴을 한 간병 로봇은 "환자는 수면 중입니다. 접근하지 마세요"라며 그 손을 쳐 내고 결국 그녀는 생을 마감한다. 남편도 얼마 지나지 않아 병원을 뛰쳐나갔다가 이틀 후 길거리에서 죽음을 맞이한다. 이러한 내용은 이야기의 주무대인 요양병원이 그 시설명인 '낙원(paradise)'과는 완전히 동떨어진 곳임을 암시한다.

원작에 따르면, 대부분의 요양병원은 도시에 다닥다닥 붙은 상가 건물 위층에 있고, 엘리베이터는 휠체어 하나가 들어가면 사람이 못 탈 정도로 비좁다. 환자들이 바깥바람을 한번 쐬려면 엘리베이터 앞에서 한참을 기다려야 했기에, 점차 산책을 포기하기에 이르렀다. 한 거리에만 요양병원이 스무 군데가 넘었지만, 건강을 되찾아 퇴원하는 노인은 거의 없었기에, 집으로 돌아가는 환자라도 생기면 노인들은 부러워하며 축하 인사를 건넬 정도였다. 노인들에게 감옥과도 같은 곳, 요양병원 안의 찌든 얼굴들과 그 사이를 누비는 간병 로봇을 바라보면서 지옥이 이런 모습일지도 모른다고 생각하게 되지만, 휠체어에 금발의 노인 환자를 태운 로봇이 환한 미소를 지으며 걷고 있는 모습과 함께, 화장실에도 가지 않고 환자 곁을 지키며 보호자의 시간도 지켜드리고, 환자를 학대하지 않는 간병 로봇을 신청하라는 광고가 흘러나온다는 묘사는 요양병원이 구조나 시설의 확충 등을 비롯하여, 설계의 단계에서부터 여러 점들에 대한 고민이 동반될 때, 낙원이라고 하는 이상에 조금이라도 다가설 수 있을 것임을 보여준다. 이와 더불어 〈간호중〉과 원작 모두 정길의 요구나 바람에 부응하지 못하는 간병 로봇에 탑재된 AI의 한계를 드러냄과 동시에, 그 설계를 비롯하여 실제 서비스 운용에서 무엇을 보완해야 하는지에 대한 숙고 또한 요청하고 있다.

생명 하나가 죽어야 생명 하나가 산다면 어느 쪽을 선택할 것인가?

'간호중'이 돌봄 대상 1호와 2호의 사이에서 연정인을 선택하고, 문숙의 인공호흡기 튜브를 빼 죽음에 이르게 함으로써 생명윤리의 문제가 제기된다. 연정인과는 7년간 커뮤니케이션의 교류가 더해졌다는 점도 있으나, 두 돌봄 대상 사이에서 한쪽을 올바르게 선택해야 한다는 지점에서 특히 트롤리 딜레마(trolley dilemma)를 떠오르게 한다.

트롤리 딜레마는 '다수를 구하기 위해 소수를 희생하는 것이 도덕적으로 허용되는가'라는 윤리학의 사고 실험이다. 미국의 정치철학자 마이클 샌델(Michael J. Sandel, 1953-)이 『정의란 무엇인가(Justice: What's the Right Thing to Do?)』에서 소개하면서 더욱 유명해졌으나, 영국의 철학자 필리파 풋(Philippa Ruth Foot, 1920-2010)이 1967년의 논문 「인공임신중절의 문제와 이중 효과의 원리(The Problem of Abortion and the Doctrine of the Double Effect)」에서 먼저 제시했으며, 주디스 톰슨(Judith Jarvis Thomson, 1929-2020) 및 이후의 피터 엉거(Peter K. Unger, 1942-)와 프랜시스 캠(Frances Myrna Kamm, 1948-)이 체계적으로 분석하였다.

여기에서는 풋의 이해를 통해 〈간호중〉에 나타난 생명윤리의 문제를 살펴보자.

풋에 따르면, '이중 효과'는 한 행동이 산출할 수 있는 두 효과, 즉 목표로 하는 효과와 예견되지만 결코 바람직하지 않은 효과를 가리킨다. 또한 '이중 효과의 원리'는 간접적(oblique) 의도로 직접적으로 의도하지 않은 것을 초래하는 것이 때로 허용된다는 명제를 의미한다. 이러한 맥락에서, 목표로 하는 효과는 직접적 의도와 관련되며, 예견되지만 결코 바람직하지 않은 효과는 간접적 의도와 관련된다. 그리고 이중 효과의 원리는 한 행동이 목표로 하는 효과와 함께 바람직하지 않은 효과를 초래하더라도, 후자에 해당하는 간접적 의도로 예견되지만 결코 바람직하지 않은 효과는 전자에 해당하는 직접적 의도로 목표로 한 효과와 함께 산출한 것이므로 때로 허용된다는 것이다. 이러한 구별은 어렵고 딜레마적인 사례들에서 도덕적 결정과 관련이 있다고 여겨진다. 예를 들어, 임신 중 산모의 자궁적출 수술은 외과의의 행위로 인해 엄격히 또는 직접적으로 의도된 결과는 아니나 예견된 결과로서 태아의 죽음을 수반한다. 물론, 태아는 인큐베이터와 같은 자궁 바깥의 환경에서 생존이 가능할 정도로 성숙하지 않았거나 그러한 조치를 취할 수 없는 상황일 것이다. 이때 외과의의 행위가 예견되지만 결코 바람직하지 않은 효과로 태아의 죽음을 초래하더라도 허용된다는 것이다. 반면, 다른 수술은 아이를 죽이고 무고한 생명을 빼앗으려는 직접적인 의도로 간주되기에 인공임신중절 수술이 허용되지 않을 것이다. 그럼에도 아이의 죽음을 초래하는 것이 허용된다면, 그것이 이루어지는 직·간접적 방식이 중요한 것은 아닐 것이기 때문에, 이 구별은 특히 비가톨릭 신자들 사이에서 격렬한 반응을 불러일으켰다. 풋에 따르면, 이중 효과의 원리는 개입이 용납될 수 없는 이유를 보여주는 데 사용되기도 한다. 분만 중인 여성의 태아에게 두개골 절개 수술을 행하지 않으면 죽을 경우, 그때 이중 효과의 원리는 우리가 수술을 하지 않고 산모를 죽게 내버려 두어야만 한다고 말한다. 우리는 그녀의 죽음을 예견하지만 직접적으로 의도하지는 않은 반면, 아이의 두개골을 부수는 것은 아이의 죽음에 대한 직접적인 의도로 간주되기 때문에 허용되지 않을 것이다. 여기서 언급된 두개골 절개술 (craniotomy)은 분만 중 태아의 후두부가 산모의 골반 사이를 꽉 채워 결과적으로 태아가 죽음에 이르게 되는, 분만이 방치된 산부인과적 응급 상황에서 태아를 살릴 수 없는 경우, 그 후두부를 파괴하여 태아를 질구 바깥으로 빼내기 위해 수행되는 파괴적 수술이다. 특히 이 응급 상황은 예측할 수 없으며 태아에게 두개골 절개술을 고려 중인 산모도 매우 아플 수 있고 적극적인 소생술이 필요할 수도 있다. 그러나 이중 효과의 원리에 따르면, 태아의 두개골에 수행되는 파괴적 수술은 아이의 죽음에 대한 직접적 의도로 간주되지만, 산모의 죽음은 예견되나 직접적으로 의도하지 않았으므로 산모를 죽게 내버려 두는 것이 허용될 것이다. 그리고 산모가 죽은 후에 태아는 안전하게 출산될 수 있을 것이다.

풋은 이중 효과의 원리를 부정하지 않는다. 그러나 직접적(direct) 혹은 간접적(oblique) 의도(intention)라는 핵심 개념 외에, 이중 효과의 원리를 더욱 합리적으로 정의함으로써 위와 같은 난처함을 피할 수 있는지를 모색한다. 그리고 그 과정에서 세 가지 사례의 가정을 제시한다.

① 판사 혹은 치안판사가 폭도들이 인질 다섯 명을 잡고 특정 범죄의 범인을 찾아내라고 요구하면서, 그렇지 않으면 특정 공동체 구역에 피비린내 나는 복수를 하겠다고 위협하는 상황에 처해 있다고 가정하자. 진짜 범인이 누구인지 알 수 없는 상황에서 판사는 누군가 무고한 사람에게 누명을 씌우고 그를 처형해야만 유혈 사태를 막을 수 있다고 본다.

② 폭주하는 광차의 운전자가 있으며, 그는 하나의 좁은 선로에서 다른 좁은 선로로만 방향을 틀 수 있다고 가정하자. 한 선로에서는 다섯 명이 일하는 중이고 다른 선로에서는 한 명이 일하는 중이다.

③ 공급이 부족한 특정 약물을 한 환자의 생명을 구하기 위해 대량 투약해야 하는 상황에 놓여 있다고 가정하자. 그러나 그때 다섯 명의 다른 환자가 도착하는데, 각각 그 투약량의 1/5씩으로 생명을 구할 수 있다.

풋은 살인이나 강도질과 같은 일을 삼가야 할 책임을 생각할 때의 소극적 의무(negative duty)와 자녀나 노부모를 돌보는 것, 자선 행위를 아우르는 느슨한 의미로서 적극적 의무(positive duty)를 추가하고 이중 효과의 원리를 떠받치는 직접적 의도와 간접적 의도의 구별을 보조적 역할만 수행하는 것으로 전환시킨다. 전자는 해를 입히는 것을 피하는 것(avoiding injury)이고, 후자는 도움을 주는 것(bringing aid)으로 그녀가 볼 때, 위와 같은 딜레마적 사례들에서 우리가 어떤 답을 내릴지 결정하는 데에는 직접적 의도와 간접적 의도의 구별이 아니라, 적극적 의무와 소극적 의무의 구별이 실제로 매우 중요하다고 주장한다.

그런데 풋이 가정한 딜레마적 사례들과 '간호중'이 처한 상황은 분명히 다르다. 다수 대 소수 혹은 다수 대 무고한 소수 가운데, 악의 크기가 작은 쪽에 해를 주는 선택과 그 행위가 옳은 이유를 고민하고 있지는 않기 때문이다. 이런 점에서 간호중'이 물음을 던진 생명 하나가 죽어야 생명 하나가 산다면 어느 쪽을 선택할 것인가와 같은 방식이 아니라, 다른 방식을 취할 필요가 있어 보인다.

두 생명 가운데 생존 확률이 더 높은 쪽을 구해야 하는가?

에릭 카셀(Eric J. Cassell, 1928-2021)이 『고통의 본성과 의학의 목표(The Nature of Suffering and the Goals of Medicine)』에서 언급했듯이, 수혈을 받지 않으면 몇 주 또는 몇 달 안에 사망이 예견되는 변호사를 은퇴한 78세 노인, 그리고 폐렴쌍구균에 의한 뇌막염으로 페니실린 정맥 주사를 투여할 경우에 열흘 뒤면 퇴원할 가능성이 매우 높은 의과대학 2학년에 재학 중인 24세 여성의 두 가지 사례와 관련하여 전자는 수혈을 거부하고 후자는 진통제 투여 외에 어떤 치료도 받지 않겠다고 선언했을 때, 의과대학 2학년 임상윤리학(clinical ethics) 강의에 참여한 학생들은 78세 노인에 대해서는 강제로 수혈해서는 안 된다고 일치된 견해를 보인 반면에, 24세 여성에 대해서는 그녀의 의지에 반해서라도 치료를 강행해야 한다고 결론을 내렸다.(Cassell, 1991; 140-143쪽)

두 사례에 대한 학생들의 답변은 환자의 자율성(autonomy) 존중 원리나 의사의 온정적 간섭주의를 똑같이 적용하여 설명할 수는 없다. 또한 앞서 살펴본 이중 효과의 원리를 적용할 때도 마찬가지 문제에 직면하게 된다.

위 내용은 환자가 치료받을 것인지 말 것인지 결정할 권리가 법률적으로 보장되는 뉴욕이라는 시·공간적 맥락이 결부되어 있기도 하다. 그러나 더욱 주목할 점은 카셀이 동의하고 주장하는 바가 특정 임상 문제에 내재된 도덕적 이슈에 대한 이해 혹은 도덕적 문제의 본성이 분석에 포함되어야 하는 그 아픈 사람, 질병, 가족과 공동체, 병원과 같은 시설 및 법적 문제를 아우르는 사례의 세부 사항들에 따라 달라지는 것이므로, 윤리 이론의 강조는 오히려 세부 사항들이 바뀜에 따라 달라지는 도덕적 문제에 적용하기 어렵다는 것이다.(Cassell, 1991; 140쪽)

카셀의 이해는 질병을 넘어 사람 그리고 사람의 고통에 주목할 것을 강조했다는 점에서 동의가 가능하다.(김현수, 2020; 14-17쪽) 그럼에도 카셀과 답변을 제시한 학생들의 이해가 동일하지는 않다는 점 또한 고려되어야 할 것이다. 그리고 학생들의 답변은 그 밑바탕에 생존 확률이 높은 환자라면, 그 의지에 반해서라도 의사로서 치료해야 한다는 사고가 자리하는 것으로 보인다.

'간호중'도 비슷한 측면에서 죽을 날이 얼마 남지 않은 문숙과 10년간 모친의 보호자로서 큰 고통을 안고 살아온 연정인의 생명을 저울질한다. 더욱이 연정인의 우울증 평가 척도(Montgomery-Asberg Depression Rating Scale, MADRS)는 분석 결과, 자살 확률이 95퍼센트 이상인 상황이다. 생명을 살리는 전화를 운영하는 사비나 수녀와의 통화에서 "생명 하나가 죽어야 생명 하나가 산다면 어떡하죠?"라는 질문이 보여주듯이, '간호중'의 선택은 생명 대 생명의 구도 속에서 이루어진다. 그러나 비록 '간호중'이 AI가 탑재된 고급형 간병 로봇일지라도, 로봇과 인간 사이의 경계를 허무는 고뇌를 드러내고, 마지막에는 인간과 마찬가지로 고통을 호소한다는 점에서 그것은 단순한 선택이 아니라, 실존주의에서 이야기하는 결단일 수도 있다.

자살 확률 95퍼센트 이상이 생존 확률 5퍼센트 미만과 등치될 수는 없을 것이다. 그럼에도 〈간호중〉에서 연정인은 실패로 그치기는 하나, 극도의 우울감 속에 만취한 상태에서 실제로 목을 맨다. 원작인 『TRS가 돌보고 있습니다』에서도 보호자 성한은 줄에 목을 매는 상황에까지 내몰린다. 이러한 내용은 적어도 생명 대 생명이 대립하는 구도라는 '간호중'의 상황 판단이 덜 자의적임을 뒷받침한다.

『TRS가 돌보고 있습니다』에도 영화 〈간호중〉에도 뇌경색으로 의식을 잃고 10년째 식물인간 상태로 계속 누워있는, 오십은 훌쩍 넘겼을 문숙의 건강 상태에 대한 구체적 내용은 없다. 그러나 '간호중'이 돌봐 온 7년에 접어든 시간처럼 별일이 없기는 쉽지 않다. 〈간호중〉에서는 문숙에게 영양과 물을 주입하기 위해 코에서 위까지 삽입된 튜브와 스스로 가래 배출이 힘들거나 호흡 보조가 장기간 필요하여 기도의 일부를 절개하여 삽입된 기관절개관이 화면에 드러난다. 게다가 서술이나 묘사는 없으나 소변을 처리하기 위해 요도에도 튜브가 삽입되어 있을 것이다. 의식이 없는 문숙과 같은 와상 상태의 환자에게 근육 위축이나 근력의 저하 같은 2차적 신체 기능의 쇠약 외에도 삽입된 튜브들에 의해 염증성 질환이 반복적으로 발생한다. 그리고 어느 때에 이르러서는 특정 장기의 부전이나 다발성 장기 부전으로 발전하고 사망에 이를 수밖에 없다. 일반적으로 염증 수치가 높아져 항생제를 투여하여 치료가 된다고 하더라도 같은 상황은 다시 찾아오며, 결국 항생제에 내성이 생겨 염증이 퍼져나가는 상황이 도래하기 때문이다. 이러한 문숙과 같은 환자의 생존 확률은 간병 로봇인 '간호중'에게 어느 정도로 판단되었을까? 5퍼센트 미만이었을까 혹은 그 이상이었을까?

2004년 개봉한 알렉스 프로야스 감독의 영화 〈아이, 로봇(I, Robot)〉은 아이작 아시모프(Isaac Asimov, 1920-1992)의 SF 단편소설 모음집 『아이, 로봇 (I, Robot)』(1950)과는 다른 작품이지만, 그가 영화 제목에 대한 권리를 먼저 획득하여 일정 정도 개입을 했기에, 몇몇 등장 인물의 이름과 로봇공학의 3법칙(Three laws of robotics)을 채용하고 있다.

로봇공학의 3법칙은 다음과 같다.

제1법칙 : 로봇은 인간에게 해를 끼치거나 혹 부작위(inaction)로 인간이 해를 입도록 허용할 수 없다.

제2법칙 : 로봇은 제1법칙과 충돌하는 경우를 예외로, 인간이 내린 명령에 복종해야만 한다.

제3법칙 : 로봇은 제1법칙이나 제2법칙과 충돌하지 않는 한, 자신의 존재를 보호해야 한다.

영화 〈아이, 로봇〉은 위의 3법칙 탑재로 인간에게 해를 끼칠 수 없다고 신뢰가 되는 로봇들이, 스프너 형사를 공격하는 일이 일어나고 그가 그에 대한 음모를 풀고 위협을 막아내는 서사를 중심으로 하고 있다. 그러나 작중에서 더욱 시선을 끄는 지점은 생존 확률을 달리하는 인간 가운데 더 높은 쪽을 선택하여 구하는 에피소드를 보여준다는 점이다.

트럭 운전자가 깜빡 졸았던 탓에, 충돌한 두 대의 자동차가 강물에 추락한다. 한 차량에는 해롤드 로이드와 그의 딸 사라가 동승하고 있었고, 다른 차량에는 스프너 형사가 타고 있었다. 로이드는 사고로 즉사했으며, 충돌로 인해 강물 속으로 가라앉는 두 차량 안에 계속 물이 차올랐다. 스프너 형사도 사라도 두 차량 안에서 꼼짝할 수 없었던 그때, 지나가던 로봇 NS4가 강물에 뛰어든다. 제1법칙에 따라 부작위로 인간이 해를 입도록 허용할 수 없기 때문이다. NS4의 판단 결과 생존 확률은 스프너가 45퍼센트, 치과 의사가 꿈인 열두 살 소녀 사라는 11퍼센트였다. 로봇은 합리적 선택에 따라 스프너 형사를 구조한다. 그러나 1퍼센트의 생존 확률이더라도 자신이 아닌 어린 소녀를 구했어야 된다고, 인간이라면 그랬을 것이라고 스프너 형사는 힐책한다. 합리적 판단에 따라 자신을 구한 로봇을 가슴이 빈 쇳덩이라며 불신한다.

문숙의 생존 확률을 가늠하기 어려운 상황에서 '간호중'은 자살 확률 95퍼센트 이상의 연정인을 선택하였다. 앞서 지적하였듯이, 자살 확률 95퍼센트 이상이 생존 확률 5퍼센트 미만과 등치될 수는 없을 수 있다. 그럼에도 연정인의 자살 확률을 낮추기 위해 혹은 생존 확률을 높여 그 생명을 구하기 위해 그 근본 요인이라 할 수 있는 문숙을 배제할 수밖에 없는 행동을 취한 것은 인간이 아닌 '간호중'에게 합리적 선택의 결과는 아니었을까?

'간호중'의 선택과 관련된 생명 대 생명의 구도가 생물학적 의미의 생명 대 생명일 뿐인지, 문숙의 생물학적 생명 대 연정인의 생심리사회적(biopsychosocial) 생명인지는 알 수 없다. '간호중'에게 7년간 커뮤니케이션의 교류가 더하여진 연정인의 생명이 문숙의 생명보다 다섯 배 혹은 그 이상의 무게를 지녔을 수도 있으며, "제 선택이 하나님의 뜻이라면요? 하나님이 뜻하신 생명은 이미 끝이 났는데 인공호흡기로 생명을 연장시키고 있는 거라면요?"라는 사비나 수녀를 향한 질문을 통해서는 타고난 생명 대 의학적으로 연장된 생명의 구도로 볼 여지도 있을 것이다.

이중 효과의 원리에 의거하여 '간호중'이 문숙의 인공호흡기를 제거한 행동은 연정인을 살린다고 하는, 직접적 의도와 관련되며 목표로 한 효과와 문숙의 죽음이라는, 간접적 의도와 관련되며 예견되지만 결코 바람직하지 않은 효과를 산출하였다고 누군가는 말할 지도 모를 일이다. 그러나 이중 효과의 원리가 이처럼 적용될 수 있는가도 문제이지만, 우리의 직관은 '간호중'의 그러한 행동이 허용될 수 있다고 동의하지 않는다. 상식적으로 우리들은 '간호중'이 문숙의 인공호흡기를 제거한 행동을 문숙의 죽음이라는, 직접적 의도와 관련되며 목표로 한 효과와 연정인을 살린다고 하는, 간접적 의도와 관련되며 예견되는 동시에, 바람직한 효과를 산출한 것으로 판단하고 따라서 그러한 행동을 해서는 안 된다고 말할 것이기 때문이다.

풋에 따르면, ①, ②, ③의 딜레마적 사례들에서 ②는 다섯 명에게 해를 입히는 것과 한 명에게 해를 입히는 것을 피하는 소극적 의무가 충돌하는 경우로, 최소한의 해를 입히는 쪽을 선택할 것이며, ③은 다섯 명에게 도움을 주는 것과 한 명에게 도움을 주는 적극적 의무가 충돌하는 경우로, 더 큰 도움을 주는 쪽을 선택할 것이다. 그러나 ①은 도움을 주는 적극적 의무와 해를 입혀서는 안 된다는 소극적 의무가 충돌하는 경우로, 어느 쪽을 선택할 수 없다. 굶주린 자녀에게 음식을 가져다주기 위해 살인을 저지르는 것이 허용되지 않는 것처럼 말이다.

풋의 이해를 '간호중'의 선택에 적용한다면, '간호중'의 행동은 연정인을 살리기 위한 적극적 의무로 문숙에게 해를 입혀서는 안 된다는 소극적 의무를 위반한 셈이다. 심지어 다른 사람에 의한 해를 입히는 것을 막아내는 것보다 스스로 해를 입히지 않는 것이 더 엄격한(strict) 의무임에도 말이다.

간병 로봇의 오류 발생 차단을 위한 조치

'간호중'은 본성상, 딜레마적 선택 상황에 놓일 수밖에 없다. 환자 문숙과 보호자 연정인이라는 돌봄 대상 1호와 2호가 애초부터 우선순위 없이 존재했기 때문이다. 작중에서 돌봄 대상으로 자신을 추가하지 못했던 최정길의 경우가 매우 드문 상황임을 고려하면, 비단 그것은 코드 네임 TRS-70912B인 '간호중'에만 한정되는 것이 아닌 TRS로 대표되는 모든 간병 로봇의 본성과 직결되는 문제일 것이다. 우선순위 없이 복수의 돌봄 대상이 생명의 위협에 노출된 상황에서 간병 로봇이 두 돌봄 대상을 모두 구하지 못하고, 한 손만을 뻗을 수 있는 경우를 우리들은 얼마든지 떠올릴 수 있기 때문이다.

로봇공학의 3법칙 가운데, 제1법칙은 로봇이 작위(action)로 인간(human being)을 해치거나(injure) 부작위(inaction)로 인간이 해를 입도록(come to harm) 허용할 수 없다는 것이었음은 앞서도 언급하였다. 그러나 영화 〈아이, 로봇〉에서 NS4는 결과적으로 생존 확률 11퍼센트의 사라에게는 구명을 위한 손을 뻗지 않아 죽음에 이르도록 했다. 엄격히 말해, 이것은 NS4가 부작위를 통해 사라가 죽음이라는 지극히 큰 해를 입도록 허용한 것과 다르지 않다. 또한 부작위를 통해 스프너가 죽음이라는 지극히 큰 해를 입도록 허용한 것과 사라가 죽음이라는 지극히 큰 해를 입도록 허용한 것 사이에서 생존 확률이라는 추가적 기준을 적용하여 합리성의 명분 아래, 두 인간 가운데 한 인간을 선택한 것이다. 그리고 그러한 선택의 행동 원리 또한 분명 인간으로부터 기원하였을 것이다.

　요양시설이나 요양병원의 화재 발생을 떠올려 보자. 종사자를 제외하면, 대부분 화재 발생 시에 자력 대피가 어렵거나 불가능한 고령의 환자들이라는 점에서 그 안전의 확보가 가장 중요한 문제가 된다. 특히 야간의 화재 발생 시에는 종사자 일부만 근무하고, 환자 가운데 수면제나 신경안정제 투약이 이루어진 경우 또한 적지 않은 상황일 것이다. 거동 자체가 어려워 휠체어를 이용한 대피조차 쉽지 않은 상황에서 선택할 수 있는 방법은 병상째 대피 말고는 떠올리기 어렵다. 「의료법」에 따르면, 2009년 1월 30일부터 국내에서 요양병원은 30개 이상의 요양병상을 갖추어야 한다. 즉 장기 입원이 필요하고 자력 대피를 기대할 수 없으며, 휠체어를 이용한 대피조차 쉽지 않은 고령의 환자로 채워진 요양병원의 야간 화재 발생 시, 병상째 신속하게 대피시켜야 하는 수는 30개 이상일 수 있다.

　영화 〈간호중〉에서 '간호중'이 의식을 잃고 10년째 식물인간 상태로 계속 누워있는 문숙을 돌보고 있는 곳은 낙원요양병원 9층이다. 원작에서는 대부분의 요양병원이 도시에 다닥다닥 붙은 상가 건물 위층에 있고, 엘리베이터는 휠체어 하나가 들어가면 사람이 못 탈 정도로 비좁다고 기술하고 있으나, 현실을 고려하면 환자용 엘리베이터가 없을 수는 없다. 그렇다고 하더라도, 환자용 엘리베이터 또한 병상과 함께 사람 한둘 정도가 겨우 함께 탈 수 있는 규모일 것이다. 이러한 배경 상황에서, 문숙과 연정인을 동시에 대피시켜야 하는 화재 발생을 떠올려 보자. '간호중'은 돌봄 대상 1호와 2호 가운데, 한 쪽만을 구명할 수 있다. 심지어 낙원요양병원 9층의 모든 TRS들이 각자의 돌봄 대상을 대피시켜야 하는 상황이라고 가정해 보자. 신속한 대피만이 화재로 인한 희생으로부터 벗어날 수 있는 상황에서 TRS들은 각자의 돌봄 대상을 구명하기 위해 엘리베이터 앞에 줄을 선 순서대로 질서정연하게 대피를 할 것인가? 아니면, AI 드론처럼 임무를 완수하기 위해 다른 TRS들과 그들의 돌봄 대상을 엘리베이터 앞에서 배제할 것인가?

'간호중'과 같은 TRS가 본성상, 딜레마적 선택 상황에 놓일 수밖에 없는 문제를 해소하기 위해서는 돌봄 대상을 환자 1인으로 제한해야 한다. 환자 문숙과 보호자 연정인의 경우와 같이, 돌봄 대상 1호와 2호를 설정할 수 있도록 하려면, 그 우선순위는 반드시 존재해야 한다. 다른 TRS들과 그들의 돌봄 대상을 배제할 가능성을 차단하기 위해서는 최소한 '돌봄'을 간병과 연관하여 한정된 영역으로 제한해야 한다. 적어도 이러한 조치는 간병 로봇이 일으킬 수 있는 '오류'의 발생을 차단하는 데 일조할 수 있을 것이다.

더 생각해 볼 문제

① 근래 조력 자살이나 조력 죽음의 개념을 통해 환자의 고통을 중단시킬 수 있어야 한다는 주장들이 제기되고 있다. 영화 <간호중>은 그 '고통'을 환자가 아닌 보호자로 옮겨오고 있다. 작중에서 연정인과 '간호중'이 드러내고 있는 고통과 그 무게에 대해서 논의해보자.

② 인공호흡기와 같은 생명 유지 장치의 등장 이전과 이후로 죽음에 임박한 시기에 변화가 초래됐다는 것은 부인할 수 없다. 출생 이후 삶을 영위하는 시기와 죽음에 임박한 시기의 차이 속에 생명의 의미가 다르게 해석되기 위해 필요한 조건들을 윤리적, 의학적, 법률적 측면에서 논의해보자.

영화 <바이센터니얼맨>

앤드류가 로봇이 아닌 인간으로 생을 마감하기까지의 과정을 통해 인간과 로봇을 구분하는 차이 혹은 인간을 인간답게 만드는 '인간성 (humanity)'에 대해 검토할 수 있을 것이다.

영화 <아이, 로봇>

로봇의 행동 원칙인 로봇공학의 3법칙 외에 그것과 대등하거나 더욱 상위의 다른 시스템이 출현하여 로봇의 행동을 지배할 수 있는 가능성과 이를 예방할 수 있는 지점들에 대해 검토할 수 있을 것이다.

『TRS가 돌보고 있습니다』

영화 <간호중>의 원작이다. 중요 인물들의 성별과 같은 큰 차이부터 설정이나 묘사와 같은 작은 차이에 이르기까지 <간호중>을 더 깊이 있게 분석하거나 읽어냄으로써 재검토할 수 있을 것이다.

참고문헌

집필자 소개

아기도 주문해서 만드는 시대가 올까? / 박승준

가즈오 이시구로. 『나를 보내지 마』, 김남주 옮김, 민음사, 2021.
마이클 샌델, 『완벽에 대한 반론』, 이수경 옮김, 와이즈베리, 2016.
올더스 헉슬리. 『멋진 신세계』, 안정효 옮김, 소담출판사, 2015.
월터 아이작슨. 『코드 브레이커』, 조은영 옮김. 웅진지식하우스, 2022.
박승준. 『복제인간은 가능할까?』, 봄마중, 2024.
박태현. 『영화 속의 바이오 테크놀로지』, 글램북스, 2015.
Karavani, E., Zuk, O., Zeevi, D., Barzilai, N., Stefanis, N. C., Hatzimanolis, A., Smyrnis, N.,
    Avramopoulos, D., Kruglyak, L., Atzmon, G., Lam, M., Lencz, T., & Carmi, S. (2019).
    Screening Human Embryos for Polygenic Traits Has Limited Utility. Cell, 179(6), 1424-
    1435.e8. https://doi.org/10.1016/j.cell.2019.10.033

의사의 자격과 치료의 방법 / 최우석

이선형, 「역할놀이의 치유적 특성연구 -영화 '패치아담스'를 중심으로」, 『드라마연구』 133-
    160, 한국드라마학회, 2019.06.
김희영, 「영화를 활용한 사람돌봄이론 교육프로그램 개발」, 『한국콘텐츠학회논문지』 508-
    519, 한국콘텐츠학회, 2021.10.
패치 아담스, (https://www.youtube.com/watch?v=CdCrPBqQALc).

의사와 환자 모두의 기적을 위한 이야기 / 최지희

박용익, 『서사의학-의료인문학 교육을 위한 이야기 활용 방법론』, 역락, 2022.
박이은실, 「몸, 쾌, 그리고 '몸안의 눈' : 신자유주의적 자본주의 시대의 나의 사적이고 정치적
    인 세계의 경험」, 『여/성이론』 20, 2009.6.
올리버 색스 지음, 이민아 옮김, 『깨어남: 폭발적으로 깨어나고 눈부시게 되살아난 사람들』,
    2021.
올리버 색스 지음, 이민아 옮김, 『온 더 무브: 올리버 색스 자서전』, 알마, 2017.

올리버 색스 지음, 이정호 그림, 조석현 옮김, 『아내를 모자로 착각한 남자』, 알마, 2022.

황임경, 「서사에 대한 의철학적 비판-서사 의학에 대한 찬반 논의를 중심으로」, 『의철학연구』 19, 2015.

황임경, 서사의학(Narrative Medicine) - 질병과 이야기 그리고 의료인문학, 《의사신문》 2014.12.01.

파킨슨병 이야기- 박지욱의 Medical Trivia, 《메디포뉴스》, 2015.06.01.

Rita Charon, Remembering Oliver Sacks, A Pioneer Of Narrative Medicine, 《Health Affairs Forefront》, September 30, 2015.

사랑의 기적 (Awakenings, 1990): 두 사람이 함께 깨어나는 순간, 《한국의학교육학회》웹진, Issue Vol.6, 2024.06.17.

전문적 의료 서비스와 돌봄 노동을 포함하다 / 정세권

"「간호법」 국회 통과.. 내년 6월부터 간호사가 일부 의사 업무 맡는다", 《연합뉴스》 (2024.8.28.)

국회의안정보시스템, "간호법안(대안)" (2024.8.)

"'태움'은 구조적 문제.. 간호사들 연대 보여주고 싶어", 《서울신문》 (2019.9.24.)

개혁신당 이주영 국회의원 facebook, https://www.facebook.com/jyleenrp

"태움 논란 故 박선욱 간호사 산재 인정, 대형 병원 경종 울리나", 《아주경제》 (2019.3.11.)

박은정, "돌봄노동자의 근로자성", 『이화젠더법학』 2-1 (2011), 89-113쪽.

의학의 진보와 인간의 길 / 박성호

박성호, 「영화 〈프로메테우스〉의 창조자-피조물 관계와 인간강화의 역설」, 『대중서사연구』 30-3, 대중서사학회, 2024.10.

신상규, 『호모사피엔스의 미래 - 포스트휴먼과 트랜스휴머니즘』, 아카넷, 2014.

야니나 로, 『트랜스휴머니즘과 포스트휴머니즘』, 조창오 역, 부산대학교 출판문화원, 2021.

이화인문과학원 엮음, 『분열된 신체와 텍스트』, 아카넷, 2017.

허의진, 「리들리 스콧 영화에서 드러나는 히스테리의 구원론 - 〈엑소더스: 신들과 왕들〉, 〈에이리언: 커버넌트〉, 〈킹덤 오브 헤븐〉을 중심으로」, 『비교문화연구』 65, 경희대학교 비교문화연구소, 2022.2.

홍성욱, 『포스트휴먼 오디세이』, 휴머니스트, 2019.

어떻게 늙어 가고 어떻게 죽을 것인가 / 최성민

박중철, 『나는 친절한 죽음을 원한다』, 홍익출판미디어그룹, 2022.

조태구, 「미끄러운 비탈길 위에서 미끄러지지 않기-안락사와 존엄사 그리고 조력존엄사」, 『인문학연구』 제53권, 경희대학교 인문학연구원, 2022, 151-178쪽.

조태구, 「고통 없이 죽을 권리를 위하여: 프랑스의 안락사 논의」, 『한국의료윤리학회지』 제 26권 2호, 한국의료윤리학회, 2023, 73-86쪽.

천정환 외, 「대담: 웰다잉 담론을 넘어, 조력존엄사 논쟁과 '생명'을 위한 새로운 과제들」, 『문명과 경계』 제6호, 포스텍 융합문명연구원, 2023, 259-312쪽,

최성민, 「노인 간병과 서사적 상상력 : 한국과 일본의 간병 소설을 통하여」, 『비교한국학』 제 29권 2호, 국제비교한국학회, 2021, 51-83쪽.

최성민, 「존엄한 죽음과 존엄한 삶의 조건들 : 영화와 현실 사이의 생명 윤리」, 『대중서사연 구』 제30권 1호, 대중서사학회, 2024, 243-277쪽.

시바하라 케이이치, 『초고령사회 일본, 재택의료를 실험하다』, 장학 역, 청년의사, 2021.

아툴 가완디, 『어떻게 죽을 것인가: 현대 의학이 놓치고 있는 삶의 마지막 순간』, 김희정 역, 부키, 2015,

OECD, *Health at a Glance 2023*, 2023. (https://www.oecd.org/health/health-at-a-glance/)

간병 로봇, 생명 선택을 고뇌하다 / 김현수

김초엽 · 김선호 · 김혜진 · 오정연 · 이루카, 『제2회 한국과학문학상 수상작품집』, 허블, 2018.

김현수, 「고통받는 환자의 온전성 위협과 연민의 덕」, 『의철학연구』, 30, 한국의철학회, 2020.

황지선, 「SF적 상상력의 변용과 AI 로봇의 형상화: 〈TRS가 돌보고 있습니다〉와 〈간호중〉 각 색 양상 연구」, 『문학과 영상』, 22(1), 문학과영상학회, 2021.

Cassell E. J., *The nature of suffering and the goals of medicine*, Oxford University Press, 1991.

김현수 경희대학교 인문학연구원 HK+통합의료인문학연구단 HK연구교수. 동국대학교 철학과를 졸업하고, 같은 곳에서 석사, 박사학위를 받았다. 주요 저서와 논문으로『출산의 인문학』(공저),『출산, 대중매체를 만나다』(공저),『마음과 고통의 돌봄을 위한 인문학』(공저),『나이 듦과 함께하는 의료인문학』(공저),「고통받는 환자의 온전성 위협과 연민의 덕」,「한국 의철학의 건강 개념 연구 동향」,「의철학적 관점에서 본『장자』중 중국 고대의학사상의 면모 : 질병과 질환을 중심으로」등이 있다.

박성호 경희대학교 인문학연구원 HK+통합의료인문학연구단 HK연구교수. 고려대학교 국어국문학과를 졸업하고, 같은 곳에서 석사, 박사학위를 받았다. 주요 저서와 논문으로『예나 지금이나』(공저),『의료문학의 현황과 과제』(공저),『감염병을 바라보는 의료인문학의 시선』(공저),「영화〈프로메테우스〉의 창조자-피조물 관계와 인간강화의 역설」,「1900-1910년대 신문연재소설에 나타난 병원의 역할과 의미」,「감사장을 중심으로 한 1910년대 매약 광고와 의료의 이중성」등이 있다.

박승준 경희대학교 의과대학 교수. 성장호르몬과 식욕을 조절하는 호르몬에 관한 여러 연구를 했고, 최근에는 비만의 사회적 요인과 해결책을 찾는 연구를 하고 있다. 의과대학과 간호대학에서 학생들을 가르치는 일 외에도 호르몬을 비롯한 의학의 어려운 개념을 대중에게 쉽게 설명하는 글을 쓰는 일에도 관심이 많다. 지은 책으로『내 몸의 설계자, 호르몬 이야기』,

『비만의 사회학』, 『비만 권하는 사회에서 살아남기』, 『비밀노트: 약리학 편』, 『식욕이 왜 그럴 과학』 등이 있다.

정세권   경희대학교 인문학연구원 HK+통합의료인문학연구단 HK연구교수. 서울대학교 농생물학과를 졸업하고 동대학원 과학사 및 과학철학 협동과정에서 석박사학위를 받았다. 서양 과학기술의 역사 특히 특히 미국 의료의 역사를 공부하고 있고, 최근에는 한국 의료의 역사도 연구하고 있다. 특히 미국의 대외정책과 공중보건의 관계 및 한국에 미친 영향, 1960년대 이후 한국 의료의 전문화 및 상업화, 의료기술의 역사 등에 관심을 갖고 있다. 『면역국가의 탄생 - 20세기 미국의 백신접종 논쟁사』(2024), 『본성과 양육이라는 신기루』(2013) 등 다수의 번역서와 『질병과 함께 건다』(2024), 『첨단기술시대의 의료와 인간』(2024), 『새로운 의료, 새로운 환자』(2023), 『환자란 무엇인가』(2023) 등 공저서를 출판했다.

최성민   경희대학교 인문학연구원 HK+통합의료인문학연구단 HK교수. 문학평론가. 서강대학교 국어국문학과를 졸업하고, 같은 곳에서 석사, 박사학위를 받았다. 주요 저서와 논문으로 『근대서사 텍스트와 미디어 테크놀로지』, 『다매체시대의 문학이론과 비평』, 『의료문학의 현황과 과제』(공저), 『죽음의 시공간』(공저), 「한국 의학드라마 연구 현황과 전망」, 「팬데믹 시대의 생명과 데이터 리터러시」, 「노인 간병과 서사적 상상력」 등이 있다.

최우석   경희대학교 인문학연구원 HK+통합의료인문학연구단 HK연구교수. 서강대학교 철학과를 졸업하고, 같은 곳에서 석사를 경희대에서 박사학위를 받았다. 주요 번역서, 저서 및 논문으로 『공개성』, 『후설의 윤리학과 상호주관성』, 『마음과 고통의 돌봄을 위한 인문학』(공저), 『죽음의 인문학』(공저), 「의철학의 현상학적 연구 동향에 관하여」, 「현상학과 우울증」, 「현상학과 질병」 등이 있다.

최지희   경희대학교 인문학연구원 HK+통합의료인문학연구단 HK연구교수. 전남대학교 사학과를 졸업하고 중국 난카이대학에서 박사학위를 받았다. 주요 논문으로는 「청대 사회의 용의(庸醫) 문제 인식과 청말의 변화」, 「청대 의약업의 성장과 약목(藥目)의 출판」, 「청대 의약시장의 상업화와 '매약'」, 「청대 의약시장의 변화와 '가짜약' 논란」, 「청말 민국 초 전염병과 의약시장: 콜레라 치료제의 생산과 광고를 중심으로」, 「근대 중국인의 신체 단련과 국수체조의 형성-팔단금을 중심으로」 등이 있다.

경희대학교 인문학연구원 / HK+통합의료인문학연구단 / 통합의료인문학 교양총서09

영화로 만나는 의료인문학 1

등록 1994.7.1 제1-1071
1쇄 발행 2025년 2월 28일

기   획 경희대학교 인문학연구원 HK+통합의료인문학연구단
지은이 박승준 최우석 최지희 정세권 박성호 최성민 김현수
펴낸이 박길수
편집장 소경희
편집·디자인   조영준
일러스트 비차
관   리 위현정
펴낸곳 도서출판 모시는사람들
        03147 서울시 종로구 삼일대로 457(경운동 수운회관) 1306호
전   화 02-735-7173 / 팩스 02-730-7173
홈페이지 http://www.mosinsaram.com/

인   쇄 피오디북(031-955-8100)
배   본 문화유통북스(031-937-6100)

값은 뒤표지에 있습니다.
ISBN   979-11-6629-225-5   04000
세트   979-11-88765-83-6   04000

이 저서는 2019년 대한민국 교육부와 한국연구재단의 지원을 받아 수행된
연구임(NRF-2019S1A6A3A04058286).